KB056171

괜찮아,
새로운 나로
살기로 했어

정철민

"인생은 항해다"
- 세네카 -

배는 지치지 않고 파도를 헤치며 나아간다.

인생이 파도를 헤치고 나아가는 배의 모양새와 닮았다.

세상의 파도가 나를 때린다.

괜찮아, 새로운 나로 살기로 했으니까.

'나답게' 살고 싶은 당신에게

'어떻게 살아야 하지?'

코로나와 함께 살아가는 이 시대, 지친 몸과 마음으로 '다른 삶'에 대한 갈증을 느끼는 이들이 많아졌다. 만족스럽지 않은 현실에 자신의 삶을 되돌아본다. '어떻게 살아야 하지?' 이대로는 안 될 것 같다. 리셋 버튼을 누르고, 다시 새로운 나로 살아 보고 싶다고 소망한다. 하지만 새롭게 의지를 다지려 해도 막상 어느 방향으로 어떻게 가야 할지 막막하기만 하다.

남들 다 한다는 '돈 공부'를 하고 '유튜브 채널'에 매달려 보기도 한다. 하지만 무언가 '내 것' 같지 않고 여전히 마음 한쪽이 허전하다. 자신감은 떨어지고 스스로 못마땅하다. 여전히 도돌이표고 제자리다. '의미 있게, 나답게 사는 인생이 무엇일까?' 스스로에게 묻지만 아직 안개 속을 헤매는 것 같다.

이 책은 새로운 나로, 의미 있는 삶을 살고 싶던 한 사람의 진지한 탐색과 시행착오, 그리고 현실의 벽에 부딪치면서 끊임없이 고민했던 자기 계발의 기록이다. 그 과정에서 얻은 경험의 산물이다.

내 강점을 약점으로 알고 평생을 사는 사람, 나를 깨우고 성장하기를 원하지만 방향을 잡지 못하는 사람, 과거의 기억이나 감정에 빠져 습관이 되어 버린 나로 사는 사람, 내 안에 잠재력을 의식하지 못하는 사람, 꼬집어 말할 수 없는 막연한 불안감을 안고 사는 사람. 이는 과거의 내 모습이자 내가 만난 많은 사람의 모습이었다.

평범한 회사원이자 사업가, 그리고 비즈니스&라이프 코치로서 나는 25년간 많은 사람을 만나 왔다. 강의, 워크숍, 코칭을 통해 5,000명 이상을 만나 그들의 인생 변화와 성장을 돕기도 했다. 이 책은 새로운 나로, 나답게 살기를 원하는 많은 이에게 도움이 되길 바라는 마음으로 썼다.

틀에 박힌 방법론을 제시하는 자기 계발서는 아니다. 나를 포함하여 내가 만난 여러 사람의 진솔한 성장 경험을 담았다. 이 이야기를 통해, 나다운 삶을 살아가고자, 진정한 나로 성장하고자 하는 이들이 공감하며 자기 성장의 힘을 얻길 바란다.

이 책에는 AI시대에 맞는 맞춤형 자기 계발을 위한 '강점 성장 공식'이나 자신만의 강점을 찾아 발휘하며 나답게 살 수 있는 구체적인 방법을 제시하기도 했다. 애벌레가 나비로 변하기 위해서 거쳐야 할 단계와 과정이 있듯이, 나만의 강점을 발휘하며 새로운 나로 살기 위해서도 몇 가지 단계를 거쳐야 한다.

가장 먼저 나에 대한 오해를 벗어야 한다. 생각보다 많은 이가 자기 자신을 잘 모른다. 나에 대한 무지는 새로운 나로 사는 데 있어 최대의 적이다. 진정한 나, 새로운 나를 발견해야 한다. 자신의 강점을 인식하고 자연스럽게 발휘하며 에너지를 얻고 즐거움과 몰입의 시간을 늘려나갈 때 나답게 살 수 있는 길이 열린다.

나를 잘 알기 위해서는 부정적인 생각과 감정의 껍질을 벗어야 한다. 부정적인 감정이나 생각을 나 자신으로 잘못 오해하고 있는 이들이 꽤 많다. 있는 그대로의 나를 인정할 때 비로소 스스로 걸어 놓았던 한계의 족쇄를 풀고, 나를 재발견할 수 있다.

새로운 나로 살아가더라도 여전히 세상은 녹록치 않다. 하지만 세상의 기준에 맞춰 살던 과거와 달리 이제는 나만의 기준을 세워 살아갈 수 있다. 이 책에 제시된 자신만의 기준을 세우는 성공 공식과 루틴 만드는 방법을 참고하길 바란다.

새로운 나로 살지 못하게 하는 가장 위협적인 진짜 장애물은 내 안에 재능과 강점이 있다는 사실을 모르고 사는 것이다. 내 안의 보석을 인생의 걸림돌로 착각하고, 그 보석의 진가를 알아보지 못하는 삶이다. 새로운 나로 살기 위해서는 자신이 진정으로 원하는 것이 무엇인지 깨닫고 이에 집중하며 살아야 한다.

자신의 인생에 질문해 봐야 한다. 나는 누구인가? 나는 왜 이 세상에 와 있는가? 내 인생의 목적과 의미는 무엇인가? 이 질문들에 대한 답을 찾는 과정이 바로 내 인생이다. 날마다 질문에 대한 답을 찾으면서 새로운 나로 살아간다.

이 책에는 내가 만났던, 새로운 나로 살기 위해 애썼던 사람들의 실제 이야기가 담겨있다. 그들의 개인적인 이야기를 담았기에 책에는 가명을 썼음을 밝힌다.

이 책을 들고 읽기 시작한 당신은 이미 새로운 나로 살기 위한 여정에 첫발을 내딛었다. 이 책을 통해 스스로에게 만족스럽고 의미 있는 나다운 삶이 시작되기를 기대한다.

아직도 '과연 내가 할 수 있을까'라는 생각이 드는가?

괜찮다. 지금부터 새로운 나로 살면 된다.

2022년 1월

정철민

<괜찮아, 새로운 나로 살기로 했어>는 내 삶을 변화시킨 멘토 같은 책이다. 몇 년 전 강점 코치인 저자를 만나 나의 강점을 발견하고 이를 발휘하며 새로운 나로 사는 경험을 했다. 그 뒤로 나에 대한 오해의 가시를 빼고 나답게 살기 위해 노력했다. 좌절의 경험을 소중한 자원으로 바꾸어 준 정철민 코치의 풍부한 코칭 경험과 비결이 담긴 이 책이 독자들에게도 큰 힘이 되길 기대한다. _김애란, 미술칼럼니스트

이 책은 이미 내 안에 가지고 있지만 모르고 살아 온 나의 '강점'을 어떻게 찾아 발휘할 수 있는지 알려 준다. 무엇보다 보통의 자기계발서가 말하는 '그래, 너만 잘하면 되는 거야. 세상은 아무 잘못이 없어'라는 식의 자기반성과 자괴감을 강요하지 않아서 좋았다. 내 강점이 언제 어떻게 독이 되는지를 아는 '트리거 포인트'는 신선한 충격이다. 과거의 나를 지나 이제 새로운 나로, 성숙한 인생을 살아 보고 싶다. _이효준, 기업 대표

내 약점이 실은 강점일 수도 있다니! 책을 읽으며 놀랐다. 나를 다시 돌아보며 나다움과 나답지 않음의 기준을 새롭게 깨달았다. 정 코치의 원포인트 코칭 질문을 따라가다 보니 실제 현장에서 코칭을 받는 느낌이었다. 지금까지 '미운 오리 새끼'로 살았지만, 진정으로 내가 원하는 것을 찾고 새로운 '백조'로 살고 싶은 이들에게 이 책을 추천한다. _홍진아, 교사

이 책은 자신을 부정적으로 바라보고, 모든 것을 자신의 탓으로 돌리며 괴로워하는 사람들에게 확실한 메시지를 준다. 자신을 돌아보고, 새로운 나를 발견하고, 통찰할 수 있는 시간을 얻게 될 것이다. 어려운 이야기인데 쉽게 술술 읽히는 책을 발견한 것은 큰 기쁨이다. 자, 이제 매혹적인 당신 자신의 세계를 들여다볼 시간이다! _서순금, 코치(경영학 박사)

정철민 코치를 만나 코칭 받았을 때가 떠오른다. 풍부한 삶의 경험에서 우러나오는 그의 통찰은 나의 삶에 큰 응원과 성장의 메시지가 되었다. 원포인트 코칭 질문을 읽으니 코칭을 받던 그때로 다시 돌아간 듯한 기분이 든다. 이 책을 읽는 독자들이 자기다움을 발견하고 성장하길, 스스로에게 '괜찮아'라고 외칠 수 있게 되길 기대한다. _최준회, 직장인

이 책은 '진짜 나'와 대면하게 한다. 인정하기 싫은 내 모습 때문에 때론 길게 멈춰서는 아픈 순간도 있다. 하지만 저자는 새로운 나로 살 수 있는 명쾌한 조언으로 해결책과 위로를 전한다. 나를 제대로 알 때 새로운 시작도 할 수 있다. 아직도 처절한 몸부림 중인 내 자아와 마주하게 하고 용기를 주는 귀한 책이다. _지윤미, 드라마 작가

과거의 나에게는 위로를, 현재의 나에게는 격려를, 미래의 나에게는 희망을 주는 책이다. 나를 바라보는 또 다른 새로운 관점을 얻을 수 있다. 저자의 메시지를 통해 나의 고민을 나누고 공감해 주는 사람을 만난 것만 같다. 이 책을 읽는 많은 이들이 희망을 가지고 새로운 나로 살아가길 바란다. _조재익, 직장인

학원 원장이자 두 딸의 엄마로서, 책에 나오는 사례를 읽으며 내 아이와 학생들의 모습이 떠올랐다. 내가 약점이라고 단정 지었던 아이들의 기질이, 관점을 달리하니 하나같이 다 강점으로 보였다. 나 자신을 올바로 이해하고 인정하며, 아이들을 긍정적인 눈으로 바라보는 데 이 책이 큰 도움이 되었다. 아이들이 자신의 본연의 모습, '최고의 나'로 살 수 있도록 돕는 부모님들과 선생님들에게 이 책을 권한다. _강부경, 린쌤영어원장

이 책을 통해 나를 바라보는 새로운 관점과 나 자신을 사랑하는 법을 배우게 되었다. 이 시대에 필요한, 진실한 영향력을 발휘할 수 있는 새로운 나를 찾을 용기를 얻었다. 진정한 자유와 기쁨을 누릴 수 있는 나를 경험하게 해 주었다. 이 책이 당신이 달려온 어둡고 긴 터널에서 벗어나는 기회가 되길 바란다. _오승우, 기업 대표

나를 찾기 위해 많은 노력을 했지만 어디로 가야 할 지 방향조차 알지 못했던 그 때, 이 책을 읽었더라면 어땠을까? 책을 읽는 동안 어린 시절 순수했던 내 모습부터 방황했던 사춘기, 그리고 지금의 내 모습까지, 영화 속 장면처럼 머릿속을 스쳐갔다. 고뇌하고, 열망하기에 방황하는 사람들에게 이 책을 추천한다. 자신이 원하는 인생을 살 수 있는 좋은 가이드가 될 것이다. _이태의, 직장인

Contents

CHAPTER 1

나 발견하기 첫 단계
: 나는 나를 제대로 알고 있을까?

개콘이 끝날 즈음이면
왜 기분이
이상해질까?

일요일 저녁, 개그콘서트가 끝나갈 때 즈음이면 기분이 묘해졌다. 웃기지 않아서가 아니라 회사 가기 싫어서. 다음날 출근할 생각을 하니 갑자기 몸도 마음도 심란해지는 것이다. 이름하여 '일하기 싫어증'. 회사 생각만 해도 떠오르는 각종 스트레스로 몸과 마음에 불안 증상이 나타난다. 때로는 투정 부리는 수준을 넘어서기도 한다.

언젠가 월요일 아침. 침대에서 일어나려는데 움직이기 힘들 정도로 무언가가 짓누르는 느낌을 받았다. "했어, 안 했어?" "알았어, 몰랐어?" 회의 때마다 다그치고 막말을 던지는 팀장 얼굴이 떠오르며 식은 땀을 한 바가지 흘리고서야 몸을 일으켜 세울 수 있었다.

원래부터 이러지는 않았다. 신입 사원 시절에는 '빨리 내일이 왔으면 좋겠다'고 생각한 적도 있었다. 회사 가는 게 소풍날 기다려지듯이 설레기도 했다. 새롭게 배우는 것이 좋았다. 복사기 앞에 서서 마냥 복사를 해도, 종일 인터넷 검색을 하며 자료를 만들어도 즐거웠다. '미생'의 장그래가 되어, 나도 어딘가에 소속되어 기여할 수 있다는 뿌듯함과 성취감에 취하기도 했다.

하지만 배움의 기쁨과 소소한 성취감이 주는 도파민은 오래가지 않았다. 어느새 배울 만한 것은 다 배웠다는 생각이 들고, 기대한 성취감이란 것도 모호해졌다. 회사 돌아가는 사정이 빤히 보였고, 누가 뭘 한다고 해도 시큰둥했다.

오히려 이제 삶의 기쁨을 퇴근 후에 찾게 되었다. 유튜브와 코인, 주식 공부가 인생의 즐거움과 에너지의 원천이 되었다. 뭘 해도 서울에 집 한 채 마련하기가 어려워진 시대, 뭘 해서 인생 역전의 한방을 만들 수 있을까? 그 한방을 위해 쳇바퀴를 돌면서 오늘도 딴생각 중이다.

회사를 옮겨 보려고 하지만 상황이 만만치 않다. 동료나 선배들을 봐도 복불복이다. 김 부장을 피하다가 이 부장을 만난 사람들이 넘쳐난다. 이직해서 좋을 수도 있지만 그렇지 않은 경우도 많이 봤다.

말깨나 하는 사람들은 다들 한마디씩 거든다.

"지금 하는 일에 경쟁력을 가지세요."

"커리어패스(Career path)를 만드세요."

"자신이 잘하고 좋아하는 일을 하세요."

다 맞는 말이긴 한데, 지금 이 자리에서 다시 무언가를 시작한다는 것이 부담스럽다.

회사 내에서도 다들 바쁘다. 예전에는 '사수'(師授)가 있어 선배가 후배를 옆에 끼고 가르쳤다는 전설이 있다. 요즘 사무실 분위기는 각자도생(各自圖生)이다. 자기 일도 숨 가쁜데 누가 누굴 챙길 수 있으랴. 나름 의미 있는 역할을 하고 싶지만, 좋은 기회는 선배들 차지. 웬만한 관계가 아니면 선배들로부터 노하우를 전수받거나 속 깊은 이야기를 나누기조차 어렵다. 이제는 패스트 캠퍼스 같은 직무 교육 서비스 업체를 통해 인생 노하우까지 배워야 하나 싶다.

빠르게 변하는 세상에서 무기력해지고 미래에 대한 불안이 차오른다. 어떤 때는 두렵기도 하다. 해초가 떠밀리듯 인생을 살아왔다. 이렇게 살아도 괜찮은 걸까? 마음이 휑하다.

그렇다고 물론 세상을 한탄하며 당장 때려 치는 것이 답은 아닌 걸 잘 안다. 그럼 세월이 약이거니 생각하고 참고 견뎌야 할까? 그렇게 견뎌서 얻을 수 있는 것은 무엇일까?

분명 나는 나인데, 내가 아닌 그 누군가로 살고 있는 듯하다. '나답게' 사는 법을 찾지 못한 채 일상의 쳇바퀴 안으로 들어갈 생각을 하니 개콘이 끝날 때쯤이면 나도 모르게 그렇게 몸과 마음이 심란해졌나 보다.

이것은 과거 내 모습이기도 하고, 내가 만난 많은 직장인의 현실이기도 하다. 남들이 보기에는 번듯한 자리에 있으면서도 무기력함을 느끼고, 일에만 빠져 나는 뒤로 한 채 살다가 번아웃 되어 주저앉는 이들을 보며, 문제의 원인이 무얼까 생각해 보았다.

많은 이들이 어린 시절부터 오랫동안 남의 기준을 지나치게 의식하며 그 기준대로 사는 데 익숙해졌다. 그리고 사회에 나와서는 세상에 적응하겠다고 발버둥 치며 스스로 채찍질하기만 했다.

정작 나에 대해서는 제대로 알지 못하고 살았다. 나는 타고나기를 어떤 사람인지, 나는 무엇을 할 때 가장 기쁜지, 어떤 것을 더 잘 이해하고 느끼고 행동하는지. 나다움을 발견하고 나답게 사는 삶을 돌아볼 여력이 없었다.

세상이 만든 기준, 남들이 만든 기준으로 볼 때 나는 항상 부족하고 뭔가 더 채워야만 할 것 같은 존재였다. 부족한 부분을 더 채우려하는데, 아무리 채우려해도 여전히 허전하고 부족하게 느껴졌다. 남들의 기준은 멋있어 보이고, 나에 대해서는 부정적인 생각과 감정만 커지는 악순환이었다.

살아온 환경과 사회적 기준이 내게 겹겹이 갑옷을 입게 했다. 나에 대해 부정적으로 느끼고 생각하는 것이 습관이 되어 버린 나로 살았다. 내 안에 나만이 가진 소중하고 값진 보석이 있는데 보지 못했다. 그 보석이 있다는 사실조차 몰랐다.

출발점은 내 안에 있는 것이 무엇인지 확인하고, 그것을 세상에 풀어놓는 일이다. 남들의 기준이 아닌 나로, 나답게 사는 길을 찾는 것이다. 열심히 살아왔는데도 스스로 자꾸 모자라게 느껴지고 인생이 휑해진다면, 이제라도 내 기준을 세우고 내 안에 있는 것을 꺼내 봐야 한다.

내 안에 있는 보석을 꺼내 새로운 나로 살아보자. 나다움으로 살아보자. 꽁꽁 감춰 놓은 시간이 억울하지라도 않게.

정철민 코치의 *One Point Coaching*

당신은 자신을 얼마나 알고 있나요?
당신에게 '나다운 것'과 '나답지 않은 것'의 기준은 무엇인가요?

나를
입증하는
삶 대신

학력고사를 얼마 남겨두지 않은 고3 늦은 가을이었다. 같은 반 친구 상필이는 매일 밤 집 옥상에 올라가 빨랫줄 쇠기둥을 막대기로 쳤다. 한밤중에 쇠기둥을 때리는 소음 때문에 동네 사람들은 아우성을 쳤다. 그런데도 그 친구는 한동안 매일 밤 쇠기둥을 쳐댔다. 사람들은 애가 정신이 이상해졌다고 했다.

과묵하게 자기 자리를 지키며 공부만 하던 친구였다. 왜 갑자기 그랬을까? 당시엔 잘 몰랐다. 그런데 살면서 조금씩 알게 되었다. 왜 친구가 밤마다 옥상에 올라가 빨랫줄 쇠기둥을 때렸는지를.

내가 누구인지 나도 모른 채, 겉으로 보이는 나를 세상에 끊임없이 입증하면서 살아야 하는 삶은 너무나 갑갑하다. 그 압박감 때문에 친구는 한밤중에 옥상에 올라가 빨랫줄 쇠기둥을 쳤을 것이다. 아마 그렇게라도 하지 않으면 견딜 수 없었을 것이다. 나이를 먹고, 세상을 살아가며 그제야 나는 많은 사람이 자신의 마음속에 있는 빨랫줄 쇠기둥을 때리며 산다는 사실을 알게 되었다.

많은 이가 있는 그대로의 자신을 받아들이고 인정하며 살기보다 겉으로 드러나는 나를 더 돋보이게 하는데 치중하고 내 존재 가치를 입증하는 삶을 산다. 입증하려면 어떤 기준이 필요하다. 세상이 만든, 남들이 세운 기준에 맞춰 멋진 삶을 보여 줘야 한다. 만약 그 기준에 맞추지 못하면 나는 없다. 인생 탈락이다.

나 또한 그랬다. 학교에서, 회사에서, 사회에서, 어딜 가든지 나를 입증해 보여야 했다. 제대로 나를 입증하지 못하면, 다른 사람에게 인정받지 못할 뿐만 아니라 나 자신도 견딜 수 없었다. 후회를 하고 자책을 하면서 심하게 나를 괴롭히기도 했다. 나를 입증하지 못하게 하는 방해물에 대해서는 공격적으로 되거나 원망과 비난을 퍼붓기도 했다. 어떻게든 살아남아야 했다.

얼마 전 우연히 유재석 씨가 진행하는 TV 프로그램을 보았다. 구글에 근무하는 한국인 수석 디자이너가 출연한 방송이었다. 처음에는 '세계적인 IT 기업에서 일하는 수석 디자이너의 뻔한 성공 스토리'인줄 알았다. 내 예상은 빗나갔다. 그녀는 구글과 같은 조직에서 일하면서 느낀 엄청난 중압감과 그로 인한 괴로움, 자괴감, 마음의 고통을 담담하게 털어놓았다. 그리고 이를 어떻게 극복했는지 이야기했다.

당시 그녀는 사람을 만나는 것이 무서울 정도로 심각한 상태였다고 한다. 자존감이 바닥이 된 채 지푸라기라도 잡는 심정으로 심리 상담사를 만났는데, 그가 해 준 말이 큰 위로가 되었다고 고백했다.

"너무 자책하지 마세요. 당신에게 조금은 친절해도 괜찮아요."

비로소 그녀는 그동안 자신을 괴롭힌 것이 회사도, 동료도 아닌 바로 자기 자신이라는 것을 깨달았다. 내가 가진 보석은 제대로 보지 못하고, 자신을 괴롭히고 있던 것이다. 내 친구 상필이처럼, 그녀도 마음속에서 날마다 빨랫줄 쇠기둥을 때리고 있었다.

이후 그녀는 용기를 내어 자신의 이야기를 구글 동료들에게 알리기로 한다. 메일을 통해 자신의 상황과 깨달음을 적어 보냈다. 그리고 놀라운 일을 경험한다. 자신이 겪은 문제가 자신만의 일이 아니라는 사실을 알게 되었다. 수많은 동료가 폭풍 같은 공감의 말이 담긴 답신을 그녀에게 보내왔다. 자신감 넘치는 엘리트 집단이라 여겼던 구글러들도, 세상의 기준에 자신을 입증하기 위해 자신을 몰아넣고 있던 것이다. 쇠기둥을 때리는 사람들은 어디에나 있었다.

이것이 과연 그들만의 이야기일까? 다른 사람의 기준에 맞춰 쫓기듯 성과를 내며 살아갈 때의 나의 모습. 나도 모르게 나를 입증하려는 압박감 속에 사는 모습. 더 입증할 수 없다는 마음이 들고 자신감이 떨어질 때, 자책하고 괴로워하는 모습. 이 모두가 남에게 어떻게 보일지를 더 중요하게 여기는 오늘날 많은 사람의 이야기다.

나를 증명해 보일 때는 생존 모드 속에서 살아가게 된다. 이때는 겉으로 보이는 나에게 집중한 나머지, 진짜 나를 알 수가 없다. 오히려 '나는 왜 이리 못 할까'라고 자책하며 자신의 부족한 부분과 약점에 집중하게 된다. 이때는 자신의 진짜 모습을 발견할 힘이 생기지 않는다. 자신 안에 있는 엄청난 잠재력을 알려고 하지도 않고 그것을 꺼내 사용해 볼 생각도 하지 못한다. 사람은 진짜 나를 알고 나답게 살고자 할 때 자연스럽게 잠재력을 끌어낼 수 있다. 내 안에 잠자고 있는 나다운 '강점'을 끌어낼 때 그 잠재력이 폭발적으로 터진다.

나답게 살아갈 때, 우리는 기쁨을 느끼고 에너지가 넘치고 활력이 솟아난다. 살면서 언젠가 '나다움'이 나타난 때가 있었을 것이다. 지금까지 잊고 있었을 뿐. 우리 안에 있는 그것을 다시 찾아내고 개발하면 충분히 나다운 삶이 가능하다.

지금부터, 새로운 나로 살아 보자.

정철민 코치의 *One Point Coaching*

자신이 어떻게 살고 있는지 돌아보는 시간을 가져 보세요.
겉으로 보이는 나로 살고 있는지, 진짜 나로 살고 있는지 생각해 보세요.
언제 진짜 나로, 나답게 살아 보았나요?

죽다
살아난
어느 날

　만약 당신이 죽다 다시 살아난다면, 어떻게 살 것인가? 영화에서나 나오는 상황이 아니다. 실제 내 이야기다.

　여느 직장인들과 같이 대학을 졸업하고 회사에 입사했다. 그룹사 영어시험에서 1등을 했는데, 좋게 보였는지 그 후 그룹 기획 조정실에서 일하게 되었다. 2년 반 정도 일하다가 신규 사업 개발을 위해 다른 대기업으로 이직했다. 이직 후 일주일쯤 되던 어느 날 밤이었다. 우연한 사건으로 나는 건물 4층에서 떨어지는 사고를 당했다. 눈을 떠보니 병원 침대였다. 그 일로 꼼짝없이 병상에 누워 4개월 넘게 보내야 했다. 죽다 살아난 셈이었다. 그만한 게 행운이었다.

당시 나를 치료해 주신 담당 의사 선생님이 계셨다. 매일 회진을 오시던 분인데, 어느 날 일주일이 지나도 보이지 않아 이상했다. 물어봐도 아무도 대답해 주지 않았다. 그러다 누군가 하는 이야기를 들었다. 카페에서 불이 나 사람이 죽는 인명 사고가 있었는데, 그때 그 카페에 잠깐 들린 의사 선생님이 사고로 돌아가셨다는 것이다.

한 사람은 죽다 살았고, 한 사람은 살다 죽었다. 이 일을 계기로 사람이 산다는 것이 무엇인지, 어떻게 살아야 하는지, 실존적인 고민을 하게 되었다. 병원에 있는 동안 내가 그동안 어떻게 살아왔는지를 되짚어 보았다. 만약 그때 죽었더라면 어땠을까? 바람에 흩날리는 재처럼 아무런 의미 없는 인생일 것 같았다.

퇴원 후, 일상의 삶으로 돌아왔다. 죽다 다시 살아난 나는 이전과 다르게 살고 싶었다. 새롭게 살아보고 싶었다. 지금까지 떠밀리듯 남들 기준으로 살아 온 삶이 아닌, 진짜 내가 원하는 삶을 살고 싶었다. 내가 누구인지 모른 채 죽는 인생을 살고 싶지 않았다. 의미 있는 인생을 살고 싶었다. 언젠가 죽더라도 '나는 이런 사람이구나. 이렇게 살았구나.'라고 생각할만한 삶을 살기를 원했다.

어떤 계기를 만나 새로운 삶을 살고자 하는 사람들이 있다. 나도 그랬다. 하지만 새로운 삶을 살고 싶다 마음먹어도 그 변화는 쉽지 않은 것이 현실이다. 새로운 나로 살기로 했지만 무엇을 어떻게 해야 할지 몰랐다. 다시 다람쥐 쳇바퀴 도는 내 모습에 자책하기도 했다.

그럴 땐 '일단 뭐라도 해 봐'가 답일 수도 있다. 맨땅에 헤딩하는 것을 두려워하지 않는 성격이어서 그런지, 나는 여러 일을 시도하며 답을 찾아갔다. 캐나다로 이민을 가서 MBA 과정을 밟기도 하고, 신앙을 갖기도 했다. 사랑하는 사람을 만나 결혼도 하고, 이전과는 전혀 다른 새로운 직업에 도전하기도 했다. 내 사업을 벌이기도 하고, 기업에 들어가 새로운 사업을 만들기도 했다. 세미나에 참여하기도 하고, 책을 읽고 또 쓰기도 했다. 아프리카에 가서 봉사활동도 하고, 코치로서 크고 작은 기업이 성장할 수 있도록 돕기도 했다.

어떤 한 시점에서 보면 당장 변한 것은 없고 여전히 다람쥐 쳇바퀴 돌 듯 제자리인 것 같아 답답하기도 했지만, 인생의 긴 안목으로 보니 변화는 일어나고 있었다.

새롭게 의미 있는 인생을 살아보자 결심하고 여러 시도를 하고 때로 우여곡절을 겪으면서도 근본적인 질문을 놓지 않았다. 내가 누구인지, 내가 이 세상에서 사는 이유가 무엇인지, 무엇보다 나답게 사는 삶이 무엇인지 진지하게 고민했다.

새로운 삶, 나다운 삶을 살기 위해서는 다른 사람들의 도움이 필요했다. 특히 먼저 산 사람의 이야기를 들어보는 것이 중요했다. 책을 좋아한 나는 자기계발서를 집중적으로 읽었다. 하지만 사람마다 다른 이야기를 하는 경우가 많아서 혼란스러웠다. '성공을 위해서 포기하지 말라'면서 '때로는 포기하는 용기도 필요하다'라니! 어쩌라는 말인가?

성장의 과정에서 물론 혼란도 필요하다. 혼란을 경험해야 분별력이 생긴다. 하지만 '나의 것'을 찾는 것이 자기계발의 목적이다. 자기계발서는 좋은 참고가 될 수 있지만 작가마다 자신이 처한 상황, 그러니까 자신의 재능과 강점, 그리고 운에 따른 성공 원칙이 나의 상황과 맞지 않을 수 있는 점은 늘 명심해야 한다.

새로운 나로 살고자 시도하면서 눈에 띈 것 중 하나가 바로 '강점혁명'이었다. '강점'에 집중하며 나는 질문에 대한 답을 찾아갔다. 이미 나에게 주어진 재능과 강점이 있으며, 그것을 개발할 때 나답게 살 수 있는 실마리가 열린다는 사실을 깨달았다. 사람마다 자신에게 고유한 강점을 바탕으로 자기계발을 할 때 나답게 살고 숨어 있는 잠재력을 최대로 끌어올릴 수 있다는 사실을 알게 되었다. 무엇보다 나 자신을 대상으로 실험하고 연구하며 확신했다.

사람들의 강점을 개발하는 코칭을 하며 많은 사람을 만났고, 나처럼 새로운 나로 살고자하면서도 내면의 굴레에 발이 묶인 채 사는 이들이 그것을 벗고 온전히 자기 자신으로 살아갈 수 있도록 도왔다. 개개인이 자신의 강점을 알아차리고, 이를 목표와 연결하여 개발하고 성장시킬 때 얼마나 큰 시너지를 내는지 무수한 사례를 통해 확인했다. 그렇게 나는, 나답게 살기를 원하는 사람들이 새로운 나로 살 수 있도록 돕는 '강점 코치'로 살게 되었다.

지난 10년 동안 5,000명이 넘는 사람들에게 강의, 코칭, 워크숍, 컨설팅을 통해 그들의 인생이 변화하도록 도왔다. 현재는 사람의 성장을 통해 사업의 성장이 일어나도록 돕는 비즈니스&라이프 코치로 활동하고 있다. 크고 작은 기업에서 개인들이 각자의 강점을 발휘하고, 또 팀으로 시너지를 내어 성과를 달성할 수 있도록 돕고 있다.

죽다 다시 살아난 지 어느새 20년이 훌쩍 넘었다. 이제 다시 스스로 질문해 본다.

지금 내가 죽고 다시 산다면, 어떻게 살아야 할까? 죽었다가 다시 살 수 있다면, 정말 깨끗하게 리셋한 상태에서 더 새롭고 의미 있는 인생을 살아 보고 싶다. 진짜 나로, 새로운 나로, 나다운 나로 살고 싶다. 그래서 날마다 나에게 다시 이렇게 이야기해 준다.

"어제의 나는 이미 죽었고, 다시 사는 거야. 바로 지금부터."

나는 날마다 다시 산다.

 정철민 코치의 *One Point Coaching*

지금 죽다 다시 살아난다면, 당신은 어떤 인생을 살고 싶습니까?
당신에게 의미 있는 인생은 어떤 것입니까?

당신의 예민함은
약점이 아니라
강점이에요

"수진 씨의 '예민함'은 약점이 아니라 강점이에요."

이 말을 하자 수진 씨가 눈물을 펑펑 쏟기 시작했다. '내가 말을 잘 못했나?' 수진 씨의 갑작스런 눈물에 당혹스러웠다. 한참을 울던 수진 씨가 미안하다며 눈가를 훔쳤다. 마음이 조금 더 진정되기를 기다렸다.

수진 씨는 S전자 책임 연구원이다. 미국 유학까지 다녀온 소위 '골드 스펙'의 금수저. 남 부러울 것 없는 수진 씨다. 사소한 문제로 전전긍긍하기에 조심스럽게 이야기를 꺼낸 것뿐인데, 이 사달이 벌어졌다. 수진 씨가 이윽고 말문을 열었다.

"저는 남들에게 보이는 모습과 다르게 내면에 열등감이 컸어요. 늘

무언가 부족하고 마음속에 '완벽주의' 때문에 뭔가를 더 해야 한다고 생각했어요. 한번은 함께 일하던 직장 선배가 저를 따로 불러서 이렇게 이야기했어요."

"수진 책임은 후배로서 일은 잘하는데, 이뻐하고 싶어도 너무 예민하고 까탈스러워. 둥글둥글하게 다른 팀원들과 어울리지 못해. 그러니까 나도 불편할 때가 많아. 본인의 모난 부분을 좀 깎으면서 스스로 노력했으면 좋겠어."

수진 씨는 그때 선배와의 일을 떠올리며 담담히 이야기를 이어갔다.

"선배의 충고를 듣고 나서 생각했어요. '맞는 말이지. 내가 모가 많이 났구나. 많이 깎여야겠구나. 내 예민함으로 인한 컨디션 난조와 감정 기복을 사람들이 많이 불편해하는구나. 난 항상 왜 이 모양이지?' 이렇게 받아들였어요. 선배의 말이 마음 한편에 상처가 되었어요. 한동안 주눅 들고 위축되어 그 선배와 팀원들 눈치를 많이 봤어요."

수진 씨에게 삶에서 나타나는 '예민함'은 극복하기 힘든 콤플렉스였다. 사람들의 사소한 말 한마디에도 쉽게 상처받고, 작은 자극에도 크게 반응했다. 특히 몸이 자주 아팠다. 상대방의 감정을 너무 빠르고 예민하게 눈치채다 보니, 주변의 모든 외부 자극들이 무척 피곤하게 느껴졌다.

수진 씨가 말하는 것이 무엇인지 알 수 있었다. 섬세하게 감정을 느낄 줄 아는 그 '예민함'은 수진 씨에게 진주와 같은 강점이지만, 수진 씨는 그렇게 생각하지 않았다. 예민함을 자신의 약점으로 생각하고 그것 때문에 매우 힘들어했다. 자신의 강점을 약점으로 알고 사는 삶은 고단하다. 한편으로는 공감이 되었지만, 안타까움이 올라왔다.

"오늘도 몸이 힘든 상황이었어요. 저를 만난 코치님이 제 '예민함'이 약점이 아니라 강점이라고 말씀하시는데, 그 말을 듣자마자 저도 모르게 눈물이 펑펑 나더라고요. 남들에게 늘 비난받고 심지어 스스로 심하게 질책해 왔던 내 '예민함'이 버려야 할 배설물이 아니라 빛나는 진주였다는 게……. 그동안 마음속 응어리들이 순식간에 확 녹아내리면서 눈물로 쏟아져 나온 것 같아요."

휴, 다행이다. 잔잔한 호수에 생긴 동심원처럼 안도감이 퍼져 나갔다. 수진 씨가 자신 안에 있는 진짜 보석을 찾았다는 사실이 그 무엇보다도 감사했다.

나도 그랬다. 내 안의 강점을 약점으로 오해하고 살았다. 강점이 약점으로 나타날 때마다 이유를 몰라 괴로워하고 문제가 생길 때마다 자책했다. 어찌할 바를 몰라 쓰러져 울면서 몸부림치곤 했다.

코치로서 살면서 조금씩 그 답을 발견하게 되었고 자신의 강점을 약점으로 알고 사는 많은 사람에게 자신 안에 어떤 보석이 있는지를 이야기해 주기 시작했다.

수진 씨가 섬세하게 느끼는 자신의 '예민함'은 모난 돌이 아닌 빛나는 진주였다. 수진 씨가 자신의 있는 그대로의 모습을 인정했을 때, 진주가 드디어 세상에 나와 빛을 발한 순간이었다. 이후로 수진 씨의 모습은 사뭇 달라졌다.

"코치님과의 '폭풍 눈물' 사건 이후로, 저 자신을 바라보는 눈이 조금씩 달라지기 시작했어요. '예민함'이 다른 사람을 돕고 세워주는 것을 좋아하는 저에게 가장 중요한 자질인 것을 알게 되었어요. 그리고 다른 사람들이 저에 대해 쉽게 비난하고 판단하는 것을 마음에 담아 두지 않기로 했어요. 몇 번 더 생각해 보고 취할 것만 취하려고요."

새로운 나로 살기로 한 수진 씨 이야기다.

다른 사람들의 말에 자신을 가두는 인생을 내려놓자. 나를 제대로 알지 못하는 다른 사람들의 기준과 틀로, 내가 나를 오해하는 경우가 너무 많다. 나에 대한 오해의 틀을 깨뜨릴 때, 새로운 나로 살 수 있다.

이제는 나에게 이렇게 말해 주자.

'지금까지 오해해서 미안해.'

 정철민 코치의 *One Point Coaching*

자신의 강점을 약점으로 오해할 수 있습니다.
당신 자신에 대해 오해하고 있는 것은 무엇인가요?
이 책을 읽으면서 자신에 대해 오해하고 있는 것들을 찾아보세요.

오래된 오해,
그 가시를
빼내다

아무것도 아닌 말 한마디에 힘들어 하는 사람들이 있다. 남들은 '뭐 그런 걸 갖고 그래?'라고 할 수도 있지만 당사자는 심각하다.

이런 사람들에게는 공통점이 있다. 어린 시절 누군가가 던진 비수 같은 말 한마디에 상처 받은 경험이 있고, 이로 인해 현재 어려움을 겪는다는 점이다. 마음속으로 '나는 안 돼', '나는 형편없어', '나는 할 수 없어'라고 외치며 스스로 한계를 만든다.

비수 같은 말을 던진 이들은 대부분 부모들이다. 부모는 힘과 권위에 있어서 어린 자녀에게 절대적인 존재다. 어린아이는 부모에게 들은 말을 그대로 영원히 믿어버린다. 산타클로스 할아버지가 선물을 준다는 부모 말을 철석같이 믿는 아이들을 생각해 보라. 물론 어느 정도 자라면서 비밀을 눈치채지만, 어린 시절 부모에게서 들은 말은 아이들의 무의식 속에 굳게 뿌리내린다. 부모가 무심코 자녀에게 '상식이 없다'고 말한다고 치자. 그것은 그저 하나의 의견이 아니다. 그 아이는 그 순간부터 자신을 상식이 없는 사람으로 믿고 산다.

어린 시절 가시같이 마음에 박힌 말. 아이는 그 말을 좌절감, 답답함, 열등감으로 내재화한다. 가시를 빼낼 생각을 하지 못한 채 그 말을 자신의 약점으로 받아들이고 잘못된 신념으로 평생을 살아간다. 물론 벗어나기 위해 온갖 애를 쓰기도 하지만, 갑자기 인생의 중요한 시점에서 그 가시 같은 말 한마디가 불쑥 올라와 발목을 잡는다.

'나는 부족해. 그래서 할 수 없어.'

스스로 한계를 짓고, 자신의 약점에 골몰하고, 거기에 매여 산다. 아무리 그렇게 생각하지 말라 해도 소용없다. 내면의 오래된 낡은 신념과 자동으로 생겨나는 생각 때문에 옴짝달싹 못 하는 것이다. 자신이 왜 그렇게 생각하는지, 어떻게 자기 생각을 바꿀 수 있는지 생각조차 못 하는 사람들. 도대체 어떻게 해야 하는 걸까?

"제가 상식이 없거든요"

모 엔지니어링 기업 S대표를 코칭하던 중 나는 적잖이 놀랐다. 매사에 긍정적이고 성실한 사람이었기에 자신에 대해 부정적으로 인식하는 모습이 의외였다. 좀 더 이야기를 나누다 보니, 어린 시절 부모로부터 비슷한 말을 들었던 것이 상처가 되어 마음에 깊이 남은 듯했다. '상식이 없는 놈'이라는 말 한마디가 비수처럼 그의 가슴에 깊이 박혀 자신도 모르게 '나는 상식이 없다'는 신념이 생겼고, 의식하지 못한 채 자신의 약점으로 여기게 된 것이다.

물론 그는 자신의 약점을 극복하기 위해 열심히 공부하고 노력해서 한 기업의 대표이사 자리까지 오를 정도로 성장했다. 하지만 가슴 깊이 박혀 있던 자신에 대한 불안은 이렇듯 무의식중에 흘러나왔다.

"고객을 만나 5분 정도 날씨 이야기나 안부를 나누고 나면, 그다음부터 어떻게 대화를 주도적으로 이끌어 가야 할지 모르겠어요."

S대표는 문제를 발견하면 이를 해결해 내는 능력이 뛰어난 사람이다. 이런 강점을 가진 이들은 조직이나 세상에 발생하는 문제에 대해 나서서 해결하고자 하는 욕구가 크다. 발생한 문제를 앞에 두고 '해결사'로 나서지 못하면 몸살이 나는 스타일이다. 하지만 이상하게도 자신의 문제는 생각만 해도 힘이 빠지고 어찌할 바를 모른다. 고객을 만날 때 힘이 빠지는 이유도 거기에 있었다.

사람은 자신의 내부에서 자동으로 작동하는 관점에 따라, 능력을 발휘하는 데 엄청난 차이가 생긴다. 전능한 해결사가 되기도 하고, 상처받아 무력한 어린아이 상태가 되기도 한다.

S대표처럼 자신의 문제에 빠지면 자신도 모르게 상처받은 어린아

이의 모드가 되면서 무기력해지고 혼란에 빠지는 사람들이 있다. 자신이 해결할 능력을 갖췄다는 사실도 잊어버리는 상태가 된다.

이런 순간에는 모드를 바꾸는 작업이 필요하다. 무의식에서 자동으로 작동되는 관점의 설정을 '의식 모드'로 바꾸는 것이다.

핸드폰의 모드를 바꾸듯이 의식적으로 관점을 자신에게서 타인으로 돌리고, 타인의 문제 해결에 초점을 맞춘다. 자신이 가진 강점을 발휘하도록 하는 것이다. 그러고 나면 '같은 사람이 맞나?' 할 정도로 다른 사람이 되는 자신을 발견하게 된다.

체계적인 코칭을 통해 자신을 되돌아보는 성찰 능력을 키우는 것이 근본적인 처방이지만 나는 우선 응급 처방으로 S대표의 강점을 살려 문제를 해결할 방법을 조언했다.

"고객을 만나서 5-10분 정도 대화를 나누세요. 그러고 나서 고객에게 이렇게 질문해 보세요. '요즘 어떤 고민이 있으신가요?' 그렇게 질문한 후 고객이 말하는 것을 들어 보세요."

'요즘 어떤 고민이 있으신가요?'는 설정을 바꾸는 마법의 질문이다. 고객이 고민을 이야기하면 S대표는 자동으로 '어떻게 고객의 고민을 해결해 줄 수 있을까?' 생각하기 시작한다. 바로 '해결사'로서 S대표의 강점이 작동하기 시작하는 것이다. 자신의 지식과 기술, 경험뿐만 아니라 네트워크를 총동원해 고객의 문제를 해결하는 데 집중한다. 자연스럽게 자신의 강점을 발휘하여 고객의 문제를 해결하고 성과를 낼 수 있다.

　　S대표는 자신을 바라보는 낡고 오래된 부정적인 인식에 매여 자신을 오해하고 살았다. 자신의 강점을 충분히 발휘할 수 있는 상황에서도 약점에 붙들려 자기답게 살지 못했다. 이제야 그는 자신에 대한 오래된 오해의 가시를 빼냈다. 이제 고객을 만나는 일이 두렵지 않게 되었다.

정철민 코치의 *One Point Coaching*

당신이 생각하는 자신의 부족한 점은 무엇인가요?
다른 각도에서 보면, 당신의 강점이 약점으로 나타나는 것일 수도 있습니다.
당신 안에 박혀 있는 오해의 가시를 빼내세요.

나를
따라다닌
불안의 정체

내게도 고백할 약점이 하나 있다. 늘 나를 따라다닌 불안함.

오십이 되어서야 내가 난독증인 걸 알았다. 우연히 유전자 검사를 했는데, 난독증 유전자가 발견되었다. 억울하냐고? 이제라도 알아서 다행이다. 출생의 비밀을 안 수준은 아니지만, 그동안 내 삶의 많은 부분이 뒤늦게 이해가 되었다. 나를 따라다닌 불완전함이 난독증에 바탕을 둔 것이었다니. 난독증인 줄 몰랐지만, 정체 모를 불안을 극복하려는 그 모든 과정이 내 인생이었다.

나는 긴 글을 읽을 때 집중하기가 힘들었다. 항상 시험 시간이 부족하게 느껴졌다. 지문이 나오는 시험은 특히나 힘들었다. 시간 내에 제대로 읽는 것이 왜 그렇게 힘든지 몰랐다.

　나름대로 노력을 많이 했는데, 결과가 좋지 않을 때면 노력해도 안되는 머리 나쁜 자신을 자책했다. 시험을 치르는 압박감이나 두려움도 컸다. '안 되면 어떻게 하지?' 하는 생각이 떠나질 않았다. 읽기는 어려웠지만, 실패하기 싫어 죽자 살자 외우면서 시험을 치렀다. 무조건 외우는 한국식 교육이 어찌 보면 조금은 도움이 되었는지도 모르겠다.

　초등학교 때 아이들 앞에서 국어책을 소리 내서 읽을 때면 가슴이 크게 쿵쾅거렸다. 문장을 읽을 때 매번 조사나 문장 어미를 틀리는 내가 싫었다. 그걸 보고 킥킥대는 아이들도 싫었다. "다음부터 똑바로 읽어라" 말씀하시는 선생님도 싫었다. 그때 기억이 트라우마로 남았는지, 사람들 앞에만 서면 가슴이 뛰고 얼굴이 빨개져서 제대로 말이 나오지 않았다.

　캐나다에서 경영 대학원을 다닐 때, 3시간 안에 아주 긴 케이스(Case)를 읽고 답안지를 내야 하는 회계 과목 시험이 있었다. 확실한 꼴찌였다. 그때 난독증 학생에게는 시간을 두 배로 준다는 사실을 알았더라면 좋았을 텐데. 다행히 좋아하는 과목에서는 탁월한 점수를 받아 졸업은 할 수 있었다.

　난독증인 줄도 모른 채, 스스로 방법을 찾고 터득하면서 인생을 살았다. 글을 읽는 게 힘들었지만, 공부나 책 읽기를 위해 나름대로 방법을 만들고 익혔다. 안 되는 과목은 일단 통과. 좋아하고 잘하는 과목은 확실하게! 자연스럽게 '선택과 집중'을 배웠다.

나는 한 번에 여러 권의 책을 '읽지' 않고 '본다'. 이 책을 보다, 저 책으로, 또 다른 책으로 메뚜기처럼 갈아 탄다. 그러다 보니 연관성이 없는 것으로 보이는 정보를 의미 있게 연결하는 능력이 생겼다. 가끔 '사오정' 같다는 말을 듣기는 하지만 말이다.

깊은 정독이 필요한 책은 일단 아주 빠르게 보면서 전체 구성과 내용을 살핀다. 두 번째는 중요한 내용에 밑줄을 긋는다. 세 번째는 밑줄 그은 것을 손으로 하나하나 공책에 적는다. 그리고 공책에 적은 내용을 컴퓨터에 옮긴다. 적어 놓은 내용을 다른 사람들에게 자주 이야기한다.

예전에는 다른 사람들을 많이 의식했다. 사람 앞에 서는 것이 항상 두렵고 무섭기까지 했다. 이제는 사백 명이 넘는 사람들 앞에서 차분히 강의한다. 혼자 책을 소리 내서 읽은 게 도움이 되었다. 계속해서 사람들 앞에 자주 서다 보니 아주 익숙해졌다. 실수하면서도 두려움을 이겨 내려고 했다. 지금도 여전히 떨리기는 하지만 계속 반복하다 보니 나도 모르게 약점은 줄고 강점이 나타났다.

나는 이제 나의 강점을 발휘하며 산다. 언제, 어디서, 어떻게 해야 몰입하고 효과적인 결과를 낼 수 있는지 알고 있다. 함께 일하는 사람들의 특성을 파악해서, 그 사람들이 잘하는 것을 더 잘하도록 돕는다. 여러 가지 대안들을 생각하면서, 그중 현실적으로 가장 좋은 방안을 선택한다. 처음 본 사람과도 자연스럽게 이야기를 나누고, 교감하면서 에너지를 얻는다.

때로는 스타벅스나 맥도널드에서 노트북을 펴고 작업을 한다. 주변 사람과 환경에 상관하지 않고 일에 몰입하는 나만의 방법이다. 최고의 기량을 발휘하는 사람들이 어떻게 자신의 분야에서 최고의 기량을 발휘했는지 읽으며 감동한다. 할 일 목록에 있는 일을 실행하고, 완료 표시를 할 때 성취감을 느낀다. 일상에서 알게 모르게 몰입을 경험하면서, 강점을 자연스럽게 발휘한다. 새로운 나로 나답게 살아간다.

만약 좀더 일찍 난독증임을 알고 그것을 고치기 위해 집중했더라면 어땠을까? 그것도 좋았을 것이다. 하지만 바로 지금 내 모습, 존재 자체로 만족한다. 난독증이어도 괜찮다. 이제는 나로 살아갈 수 있으니까.

 정철민 코치의 *One Point Coaching*

살면서 무엇이 가장 힘들고 어려웠나요?
그것을 통해 어떤 긍정적인 영향이 있었나요?

난독증의
그늘에서
벗어나기

만약 사랑하는 사람이 과거에 내가 겪었던 힘든 상황을 똑같이 겪어야 한다면, 어떻게 해야 할까?

초등학교 4학년인 둘째 아이 요한이가 난독증이라는 이야기를 들었다. 어느 날 병원에 다녀온 아내가 설명해 주었다. 요한이의 느린 읽기 능력에 답답해 하던 차였는데, 그 원인이 바로 나였다니. '아, 내 난독증 유전자가 요한이에게 갔구나' 싶어 마음이 울컥했다.

선생님은 요한이가 읽기 능력이 떨어진다고 조심스럽게 말씀하셨다. 때가 되면 괜찮아지겠지 했지만, 기대와 같지 않았다. 받아쓰기는 0점이 빈번했고, 열심히 연습해 가도 절반을 맞으면 잘한 편이었다.

단어의 앞뒤를 바꿔 말하기도 하고, 특히 조사나 어미를 제대로 읽지 못했다. 문장을 읽어도 뜻을 잘 이해하지 못하고 철자를 자주 틀리는 등 글쓰기를 힘들어했다. 선생님이나 엄마가 읽어주면 이해했지만, 혼자서 읽는 것을 매우 어려워했다. 특히 요한이가 친구들과 자신을 비교하면서 열등감을 느끼는 모습을 볼 때, 내 마음도 힘들었다. "나는 잘 못 해" "나는 안 되나 봐" 아이가 이렇게 말할 때는 마음이 무너지는 것 같았다.

내 어렸을 때 기억이 떠올랐다. 국어 시간이 매우 힘들었다. 아이들 앞에서 국어책을 소리 내 읽을 때마다 식은땀이 났다. 조사나 문장 끝을 이상하게 읽고, 말을 더듬거릴 때마다 친구들이 킥킥 웃어 댔다. 선생님이 "오늘 며칠이야?"라며 "5번 읽어 봐, 그다음 15번, 25번, 35번……"이라고 이렇게 불러대는 시간이 나에겐 악몽이었다. 사람들 앞에만 서면 머릿속이 하얘지며 아무 생각이 나지 않는 트라우마도 생겼다.

내 과거의 상처가 떠오르면서, 부정적인 생각과 감정이 만드는 상상의 세계에 갇혔다. 요한의 모습과 나의 과거 모습이 겹쳐졌다. '아이가 나와 같은 인생을 살면 어떻게 하지?' 난독증인 줄 모르고 자신감 없이, 부족한 부분을 의식하며, 약점에 집중하고, 항상 실패를 두려워하던 내 과거가 떠올랐다.

원하지 않는 어두운 현실을 직면할 때면 부정적인 감정들이 나를 사로잡는다. 이때 그 감정을 인식하면서 내가 지금 무엇에 집중하고 있는지를 알아차려야 한다.

과거의 나를 애틋하게 보듯, 지금 아이를 보며 정서적으로는 공감을 보내주는 것이 맞다. 하지만 상황은 냉철하고 이성적으로 바라봐야 한다. 내가 산처럼 그 자리에 있을 때, 요한이도 제자리에 서게 된다. 내가 침착하고 의연하게 행동할 때 요한이도 내 뒷모습을 보고 따른다.

부모의 역할은 아이를 있는 그대로 바라보면서, 아이가 잘하는 부분과 아이의 약한 부분이 어떻게 나타나는지를 발견하는 것이다. 사실 난독증은 뇌 작동 방식의 차이 때문에 생긴다. 읽는 활동을 할 때는 뇌의 작동이 부자연스럽지만 다른 일을 할 때 뇌의 작동은 자연스럽고 탁월하기까지 하다. 부모가 코치가 되어서 아이 스스로 이런 사실을 인식할 수 있도록 도와주어야 한다.

사실 다소 느린 요한이가 아주 빠른 부분이 있다. 사람의 감정 변화를 아주 빠르고 고스란히 느낀다. 내가 좋지 않은 감정을 표현하지 않으려 해도, 아이는 쉽게 눈치챘다. 그러다 보니 주변 사람의 감정에 쉽게 영향을 받기도 한다.

'마음의 방파제'가 없어서일까? 요한이 안에 있는 따뜻하고 사랑스런 마음은 그대로 다른 사람에게 전달되기도 한다. 울면서 기도하는 엄마를 꼭 안아주고, 집에 돌아와 피곤해 하는 엄마의 마음을 가장 먼저 알아주는 사람이 바로 요한이다. 학교에서 마음이 힘든 친구들을 말없이 받아주는 것도 요한이다. 요한의 안아주기(Hug)는 그 자체로 피로회복제고, 엔도르핀이다.

아이에게 약한 부분이 보여도, 잘할 수 있는 부분을 먼저 발견해서 격려하고 안내해 주는 것이 어른의 역할이다. 난독증 문제는 자신감의 문제다. 요한이는 난독 때문에 따로 수업을 받는 중인데 조금씩 좋아지고 있다. 읽기 능력이 좋아지는 것도 있지만 자신감이 생겼다. 거북이 경주를 하듯 성취감을 맛볼 수 있게 하는 것이 중요하다. 작은 일이라도 수준에 맞춰 조금씩 성장하게끔 하고 성취감을 느낄 수 있도록 돕는다. 요즘 요한이는 매일 10~15분씩 피아노를 친다. 무엇이든지 꾸준히할 때 열매를 맺는다. 인내심을 가지고 기다려야 한다.

어느 날 아내는 인터넷을 검색하며 난독증이 있음에도 성공한 유명인들이 누구인지, 그리고 그들의 강점이 무엇인지 찾아냈다. 그리고 요한이에게 그 이야기를 자주 해주었다.

요한이가 좋아하는 영화 <스파이더맨>의 배우 톰 홀랜드, 예술가 레오나르도 다빈치, 동화 작가 한스 안데르센, 천재 물리학자 아인슈타인, 영화감독 스티븐 스필버그, 발명 왕 에디슨……. 그리고 그 안에 난독증 아빠인 나도 영광스럽게 포함되었다. 요한이는 자신이 그 인물들과 중요한 공통점이 있다는 사실에 무척 자랑스러워했다. 어느 날, 요한이 선생님이 요한이가 한 말을 아내에게 전해 주었다.

"선생님, 그거 아세요? 우리 아빠도 난독증이래요. 저도 난독증이고요."

요한이가 정말 자랑스럽게 훈장을 얻은 것처럼 선생님에게 이야기했단다. 이 이야기를 아내에게서 전해 듣고 웃기도 했지만, 이상하게 그냥 눈물이 났다. 우리 요한이가 자신의 재능과 특성을 알고, 어려움을 극복하며 빛나는 자기 자신으로 살아가기 바란다. 난독증을 이겨낸 그 많은 사람처럼!

아들아, 너는 있는 그대로 존귀하고 아름다운 존재란다.

정철민 코치의 *One Point Coaching*

있는 그대로의 자신을 인정하고 자신감을 가지세요.
자신의 재능과 강점을 인식하고 꾸준히 개발하는 것이 무엇보다도 중요합니다.
그것이 오해의 그늘에서 벗어나는 길입니다.

CHAPTER 2

네 모습 그대로 괜찮아

내게 자연스럽고,
나도 모르게
잘 되는 일

'재능'(Talent)이라고 하면 흔히 노래를 잘하거나, 춤을 잘 추거나, 또는 무엇인가 특별한 것을 잘하는 사람을 떠올린다. "그 친구 끼가 있네" "재능이 있네"라는 말도 함께 떠오른다. 그림을 잘 그리는 친구, 공부를 잘하는 친구, 운동을 잘하는 친구, 이런 친구들 틈에 껴서 '난 아무런 재능도 없다'고 좌절하고 한탄하는 사람이 꽤 많다. 하지만 재능이라는 게 이렇듯 겉으로 드러난 끼와 능력만을 의미하지는 않는다.

강점 조사 회사인 미국 갤럽은 '재능'을 그 사람에게 '자연스럽게 나타나는 생각, 감정, 행동의 반복적인 패턴'이라고 정의한다. 예를 들어 다음과 같은 패턴이 있다.

- 처음 본 사람과 어색하지 않고 자연스럽게 대화하기
- 체계적이고 논리적으로 사고하기
- 불확실한 상황에서 신속하게 결정하기
- 다른 사람의 감정을 이해하고 공감하기
- 문제가 발생할 가능성을 파악하고 대처하기

위와 같은 예처럼, 어떤 것을 자연스럽게, 자신도 모르게 잘 해내는 패턴이 있다면, 당신에게는 재능이 있다고 볼 수 있다. 누구나 자신만이 가진 타고난 능력인 재능이 있다.

뇌 과학자들은 재능을 '뇌 안에 있는 신경세포망의 연결'이라고 본다. 아기가 태어나 세 살쯤이면 뇌 안에 천억 개에 달하는 신경세포가 만들어진다. 각 신경세포는 외부 자극에 따라 전기신호를 주고받으며 신경세포의 연결점인 '시냅스'(Synapse)를 만들어 낸다. 시냅스가 또 다른 시냅스와 연결되면서 우리 뇌에는 거대한 신경세포 연결망(Network)이 만들어진다.

사람의 뇌는 유아기와 유년기를 거치며 어느 정도 성장할 때까지 시냅스와 연결망을 만드는 작업을 계속한다. 이 과정에서 에너지를 더욱 효율적으로 사용하고 빠르게 소통하기 위해 어떤 시냅스는 연결을 끊고 어떤 시냅스는 더 강력한 연결을 유지하며 길을 만든다. 이 길이

고속도로와 같이 점점 넓어지고 평탄해지면서 일정한 패턴이 생긴다.

이런 신경세포의 연결인 신경망 패턴이 분명해지면서 사람에게는 자연스러운 생각, 감정, 행동의 반복적인 패턴이 생긴다. 누구나 자신만의 고유하고 자연스러운 반복적인 패턴을 가지며, 이에 따라 어떤 일은 쉽고 익숙하게 된다.

누구나 이런 경험이 있을 것이다. 어떤 일을 할 때는 쉽게 몰입하고 힘들지 않고 자연스럽게 생각, 감정, 행동의 패턴이 함께 작동한다. 반면 어떤 일을 할 때는 더디고 어렵고 힘이 든다. 내 생각, 감정, 행동이 자연스럽지 못하게 느껴진다. 여러 번 다닌 길은 탄탄대로가 되지만 인적이 드문 길은 좁고 황폐해져서 가기 힘든 것과 비슷하다.

그렇다면 나에게 자연스러운 생각, 감정, 행동의 패턴인 재능을 어떻게 알 수 있을까?

주의와 관심을 기울인다면 그 단서를 찾을 수 있다. 나는 어떤 종류의 활동에 자연스럽게 끌리는가? 무엇을 빠르게 배우고 순식간에 기량을 발휘하는가? 나도 모르게 몰입한 활동은 무엇인가? 하는 동안 또는 끝낸 직후 즐거움을 느끼며, 기대감이나 만족감이 드는 활동은 무엇인가? 이런 질문을 해보면 나에게 나타나는 자연스러운 패턴이 무엇인지 알게 되고, 나의 재능을 파악할 단서를 찾을 수 있다.

단, 재능이 바로 탁월함으로 나타나는 것은 아니다. 오디션 프로그램의 참가자가 타고난 재능이 있다고 하여 바로 뛰어난 아티스트가 되는 것은 아니듯, 시간을 투자하고 노력과 경험으로 다듬어질 때 재능은 제대로 빛을 발한다. 재능을 잘 다듬어 탁월함에 이를 때, 재능이 '강점'이 된다.

특정한 분야에서 어떤 일에 대해서 탁월한 성과를 지속해서 낼 수 있는 능력이 바로 '강점'(Strengths)이다. 원석을 세심하게 세공하고 다듬어야 찬란하게 빛나는 보석이 되듯, 재능이 강점으로 되는 데는 몇 가지 거쳐야 할 과정이 있다.

타고난 '재능'이 지속적이고 긍정적이고 생산적인 결과를 내는 '강점'으로 발휘되기 위해서는 지식, 기술, 경험을 결합하여야 한다. 노력과 시간의 투자가 필요하다. 여기에 뚜렷한 목표나 비전, 원하는 것이 정해져 방향이 더해지면, 강점이 제대로 발휘될 조건이 형성된다. 그뿐만 아니라 재능을 지속해서 계발할 수 있다. 이미 자신이 가진 타고난 재능에 해당 영역의 지식, 기술, 경험이 더해지고 목표나 비전의 방향이 뚜렷하다면, 숨어 있는 잠재력이 발휘되는 강력한 자기계발이 일어날 가능성이 커진다.

재능이 강점으로 발휘되는 과정에 빠져서는 안 되는 또 하나의 중요한 요소가 있는데, 바로 마인드셋(Mindset)이다. 긍정적인 마음가짐과 믿음, 태도를 지닐 때 재능이 강점으로 발휘되면서 자연스럽게 '나다움'이 드러난다.

사람은 '나다운' 모습으로 살아가는 사람에게 끌리고 매력을 느낀다. 마치 어떤 브랜드가 자기 정체성과 자기다움을 진정성 있게 드러낼 때 강력하게 끌리는 것과 같은 이치다. '나다운' 모습으로 살아갈 때, 스스로도 기쁨과 의욕이 넘치고 삶에 대한 만족감이 커진다.

재능과 강점을 발휘한다는 것은 단순히 다른 사람보다 무엇인가를 더 잘한다는 것, 그 이상이다. 나다움으로 살아가는 것은 내 본연의 모습, 최고의 모습으로 살아가는 것을 뜻한다.

이 책을 통해 차근차근 나의 재능을 발견하고 강점을 개발하면서 새로운 나로, 나답게 사는 것이 무엇인지를 찾아보기로 하자.

정철민 코치의 *One Point Coaching*

당신에게 자연스럽게 나타나는 나다운 모습은 무엇인가요?
나다운 모습이 나타날 때는 언제인가요?
그것을 통해 당신은 무엇을 느끼고 생각하나요?

더 이상
어린아이가
아니야

전라도 광주에서 아침 일찍 고속버스를 타고 올라 온 아버지와 아들. 아버지에게 떠밀려 억지로 온 삼수생 T와 아들의 무기력증이 해결되리라 기대하고 동아줄을 잡는 심정으로 아들을 끌고 온 아버지. 지인의 부탁을 받고 나오긴 했지만, 그 사이에서 나는 당혹스러운 마음을 감출 수가 없었다. 정신과 의사도 아니고 내가 어떻게 무기력한 청년을 한번에 뚝딱 바꿔 놓을 수 있겠는가.

T에게서 풍겨 나오는 분노와 무기력, 마음같이 되지 않은 아들을 바라보는 아버지의 답답함, 그리고 나의 당혹스러움. 세 사람의 복잡한 감정이 버무려진 어색한 자리였다. 어쨌든 이 분위기를 풀어야 했다.

어두운 얼굴로 앉아 있는 T에게 물었다.

"자신의 강점이 뭐라고 생각하니?"

처음 만난 사람에게 받는 뜬금없는 질문. 무슨 말을 하고 싶으랴? 일단 한번 날려 봤다. 얼어붙은 마음에 무엇이라도 던져 보자는 심정으로.

"잘 모르겠어요. 생각해 본 적 없어요."

"그래, 그렇구나. 그럼 자신의 약점은 뭐라고 생각해?"

T에게 조심스럽게 다시 물었다. T는 작은 목소리로 자신의 약점을 줄줄 늘어놓았다. 나는 종이에 그것들을 받아 적었다. 듣다 보니 T가 말한 약점은 모두 자신의 강점을 부정적인 언어로 표현한 것이었다.

- 생각 없이 행동한다.
  → 추진력을 가지고 자발적으로 빠르게 행동한다.

- 변덕스럽고 항상 우선순위가 바뀐다.
  → 긍정적이고 생산적인 결과를 만들기 위해서 일을 유연하게 조정한다.

- 주변 환경이나 사람에 영향을 쉽게 받고 감정 기복이 심하다.
  → 다른 사람의 마음을 쉽게 알아채고, 공감하고 위로해 줄 수 있다.

- 항상 부정적이고 문제점에 집중한다.
  → 문제를 빠르게 파악하고 해결책을 잘 찾아낸다.

- 까다롭고 만족할 줄 모른다.
  → 최상의 수준으로 끌어올리려는 동기가 있어 탁월성을 끌어
  낼 수 있다.

"내가 보기엔 지금 말한 너의 약점들을 긍정의 언어로 적어 보니까, 모두 너의 강점이 되는데!"

이 말을 듣고 T는 놀라기도 하고 의외라는 표정을 지었다.

"만약 사람이 자신의 강점을 약점으로 알고 평생을 살아간다면 어떻게 될까?"

T는 처음보다 더 놀란 표정이었다. 자신에 대한 인식이 바뀌는 순간이었다.

"그렇게 되면 자신감이 없고, 자신이 원하는 삶을 살지 못할 것 같아요."

T는 정확히 이해했다. 자신의 강점을 약점으로 알고 평생을 사는 사람은 자신이 진정으로 원하는 삶을 살기 어렵다. 자신은 간절히 원하더라도 깊은 무의식에서 '나는 안 돼', '나는 할 수 없어'를 외친다. 수없이 각오를 다지고 뭔가를 해도 항상 제자리다. 바로 액셀러레이터를 밟으며 동시에 브레이크를 밟기 때문이다.

이들은 항상 자신감이 없다. 잘하는 것이 없다는 생각에 자신을 가

치 없는 존재로 여긴다. 가치 없는 존재로 생각하기 때문에 잘하는 것이 없다고 생각한다. 자존감이 낮은 채로 산다.

사람이 자신의 강점을 약점으로 오해하는 데는 나름대로 이유가 있다. 어른이 되었지만 내면은 아직 미숙한 어린아이로 살기 때문이다. 자신도 모르게 나타나는 생각과 감정, 행동의 패턴이 성장 과정에서 다듬어지지 않고 제대로 개발되지 않아 미숙하다. 평생을 미숙한 상태로 사는 사람도 있다.

어리고 미숙해서 문제점은 보이지만 어떻게 해결해야 할지 알지 못한다. 특히 자기 자신에 대한 문제는 그 어떤 문제보다 크게 느끼고 어떻게 다루어야 할지도 모른다. 무의식적으로 해결하고 싶은 욕구는 있지만 해결할 능력과 방법이 없다고 생각하니 내면에 좌절감이 쌓인다. 상황이 반복되며 좌절감과 자책이 계속 더해진다.

물론 일반적으로는 성장하는 과정에서 문제를 해결하는 지식과 스킬을 익히고 경험을 쌓으면서 자연스럽게 성숙한 상태가 된다. 하지만 어린아이가 혼자서 그렇게 성장하기란 쉽지 않다.

자존감이 낮은 아이의 경우 자신도 모르게 엉뚱한 행동을 한다. 엉뚱한 행동으로 '나 여기 있어요'라고 알리며 인정과 관심을 받고 싶어 한다. 주변 어른들이 이런 아이의 특성을 제대로 이해하지 못한다면 어찌 될까? 아이는 부정적인 눈초리와 질타를 받기 쉽다. 그것 때문에 아이의 자존감은 더 낮아지고, 부정적인 행동은 계속된다. 마치 도

미노처럼.

이 글을 읽고 있는 당신은 이제 어린아이가 아니다. 과거에 어린아이였을 뿐. 문제 해결의 출발은 스스로 오해를 푸는 데 있다. 자신의 약점 때문에 자신을 부정적으로 보는가? 그렇다면 자신의 약점을 종이에 적어 보자. 그리고 그것을 긍정의 언어로 바꾸어 보자. 이는 곧 강점이 된다. 반대로 강점을 부정의 언어로 표현하면 약점이 된다.

나의 강점과 약점을 어떻게 인식하고 다루는가에 따라 인생이 달라진다. 당신이 어떤 인생을 살 것인지 선택할 수 있다.

T가 삼수를 끝내고 특수재활교육학과에 입학했다는 소식을 전해 왔다. 누군가를 회복시키는 데 도움을 줄 수 있는 타고난 재능을 가진 T에게 딱 어울린다고 생각했다. 보석의 진정한 가치를 알아볼수록 그 보석이 더 가치있게 쓰인다. 자신의 가치를 알기 시작한 그가 누군가의 삶을 회복시키는 가치 있는 삶을 살기를 응원한다.

정철민 코치의 *One Point Coaching*

당신이 생각하는 자신의 약점을 긍정의 언어로 바꾸어 보세요.
그것이 바로 강점입니다. 자신의 약점을 새로운 관점으로 바라보면 강점이 됩니다.

달라도
너무 달라
갈등이 생길 때

　살면서 '그 순간을 겪지 않았더라면 좋았을 텐데……' 하는 장면들이 떠오를 때가 있다. 그런 순간을 하나만 꼽아 보라면 나는 '마음이 맞지 않는 사람과 여행하기'라고 답하겠다. 그러니까 그때, 출발부터 조짐이 좋지 않았다. 아니, 전혀 내키지 않았다.

　그 선배와 열흘 간의 유럽 출장. '유럽 여행'하면 떠오르는 낭만적인 수식어는 사라진다. 당시 열흘간 유럽 출장은 떠올리기만 해도 "앗" 하는 신음이 새어 나오는 악몽의 시간이었다.

　처음엔 내가 후배니까 '백 번 양보해야지'라고 다짐했다. 하지만 출장 루트부터 삐걱거리기 시작하더니, 어떤 호텔에서 머물지, 어느 쪽 침대를 쓸지, 누가 먼저 샤워를 할지 등 사소한 것까지 사사건건 부딪쳤다. '이랬다저랬다'를 수없이 반복하며 신경 쓰이게 하더니, 박람회장에서 어떤 업체를 만날지도 '이랬다저랬다' 하는 바람에 마음이 편치 않은 고난의 행군이 끝없이 계속되었다. '참는 자에게 복이 있다'는 말을 가슴속에 지지면서 버텼다. 물론 '장유유서'와 '위계질서'의 세계에서 이미 잔뼈가 굵은 나였다.

그런 나도 골이 나서 그랬을까? 막판에 다다르니 선배가 동으로 가자면 나는 서로 가고 싶고, 남으로 가자면 북으로 마음이 향했다. 꾹꾹참고 눌러왔던 감정은 마침내 한국으로 오는 여정의 마지막 관문, 파리 드골 공항에서 폭발했다. 그날 그곳에 있던 유럽인들은 웬 동양인 두 남자의 추태를 적나라하게 목격했을 것이다. 한국으로 오는 비행기 안에서 우리는 서로 아무 말도 하지 않았다. 인사도 없이 휑하니 헤어졌다. 마음에 맞지 않는 사람과의 여행이 이리도 힘들 줄이야.

"서로 너무 달라서 그래." 나의 여행담에 누군가 말했다. 맞다. 사람은 다 다르다. 같은 장소, 같은 현상을 보고도 다르게 해석하는 것이 사람이다. 오히려 똑같이 생각하는 것이 이상할 정도다. 나와 선배도, 달라도 너무나 달라서 그랬다.

강점은 단지 어떤 사람이 특정한 일을 탁월하게 잘하는 재능만을 설명하지 않는다. 관계 맺는 방식, 생각과 행동의 방향성, 감정 표현의 정도, 성향 등도 강점에 따라 사람마다 다르게 나타난다.

세상을 바라보는 독특한 관점의 차이가 바로 '강점 렌즈'의 차이다. 강점 렌즈에 따라 자연스럽게 드는 생각, 감정, 행동의 패턴이 다르게 나타난다. 차이가 생긴다. 사람마다 강점 렌즈에 따라 어떤 자극은 인식하지만, 어떤 자극은 무시할 수 있다. 무엇을 좋아하고, 무엇을 싫어할지도 천양지차로 달라진다.

강점은 왜 그 사람이 그런 행동을 하는지를 알 수 있는 중요한 단서가 된다. 어떻게 의사결정을 하는지, 왜 그런 식으로 감정을 내뿜고 행동하는지도 알려 준다. 만약 그 차이를 이해하지 못할 경우 사람 사이 갈등이 생기고, 그 골은 더 심해진다.

이런 것을 미리 알았다면, 그 유럽 출장은 낭만 여행이 되었을까? 글쎄……. 그 사람이 싫으면 모든 것이 꼴도 보기 싫어지는 것이 인지상정 아닌가. 물론 이것도 강점 렌즈 때문에 생기는 나의 생각이다.

 정철민 코치의 *One Point Coaching*

강점의 차이가 사람들 사이에 갈등을 만들 수 있습니다.
당신은 어떤 갈등을 겪고 있나요?
갈등을 겪고 있는 상대와는 어떤 점이 어떻게 다른가요?

강점 렌즈가 다르면
생각, 느낌, 행동도
다르다

사람들이 함께 모여 동일한 목표를 위해 일을 한다. 하지만 그 목표에 도달하는 방식은 사람 수만큼이나 다르다. 같은 목표를 달성하는데도 사람들마다 일하는 방식이 그만큼 다양하다는 이야기다. 우리는이것 때문에 맨날 지지고 볶고 싸우고, 다시 웃으며 화해하기도 한다.

왜 이렇게 서로 다른 걸까? 그 이유를 조금이라도 알 수 있다면, 함께 일하고 협력하기가 적어도 2퍼센트쯤은 수월해지지 않을까? 어차피 함께 사는 사회이고 혼자 일하지 않는 이상 말이다.

친구들끼리 여행 계획을 세운다고 생각해 보자. 여행 장소 결정부터 여행지에 대한 정보, 자료 수집, 가서 무엇을 보고 무엇을 할지도 사람마다 제각기 다르게 접근한다. 이는 사람마다 각자 지닌 강점 렌즈에 따라 일을 진행하는 방식이 다르기 때문이다.

어떤 친구는 여행지에 대한 자료와 정보를 끌어모으는 일에 열을 올린다. 여행지에 관한 책을 사고, 후기를 검색하고, 관련된 정보를 끝도 없이 모으고 모은다. 이런 친구는 정보가 없으면 아무런 결정을 내릴 수 없다.

"데이터와 근거를 보고 말하란 말이야!"

다른 친구는 무엇보다도 감성이 중요하다. 계획하고 떠나면 여행이 무슨 맛이냐는 식이다. 일단 떠나서 낯선 세상을 접하고 낯선 사람들을 만나 경험하는 그때의 기분과 감성이 중요하다. 자, 무작정 떠나보자. 새로운 환경을 접하는 것 자체에 에너지를 느끼고 가슴이 설렌다.

"무슨 말이 필요해. 일단 필(Feel)을 느껴 봐!"

예전에 함께 했던 사진을 꺼내 보면서 추억을 더듬는 친구도 있다. 흐뭇하게 웃음 지으며 과거에 푹 빠져 있다. "그때 말이야, 우리 정말 좋았지. 우리 예전에 갔던 그곳에 다시 가 보는 게 어떨까?" 이 친구에게는 과거를 회고하는 것이 새로운 에너지를 만든다.

"우리 다른 데 가서 고생하지 말자!"

또 다른 친구는 오로지 아주 세밀히 계획을 세우는 일에 집중한다. 여행 동선을 시 분 초 단위로 짠다. 특정한 상황에서 어떤 문제가 일어날지를 예측하고 한 치의 오차 없이 준비하는 데 목숨을 건다. 끊임없이 위험 상황을 예상하고 대비책을 세운다. 간혹 이런 친구들은 너무 앞서가서 여행을 포기하기도 한다. 도저히 위험하고 불확실한 여행을 떠날 생각이 들지 않는 것이다.

"우리 꼭 가야만 할까?"

조금씩 차이가 있겠지만 다들 비슷한 기억이 있을 것이다. 아무리 마음 맞는 사람과 여행을 떠나도 그 사람에게 자연스럽게 나타나는 패턴에 따라 다른 생각, 감정, 행동의 차이가 서로 다른 방식을 만든다. 그래서 여행은 마음 맞는 사람과 같이 가라고 하는 것인가?

어릴 적 가족 여행을 가려고만 하면, 매번 싸우시던 아버지와 어머니가 생각난다. 어렸을 땐 두 분이 여행을 떠나면서 왜 그리 싸우는지 몰랐다. 이제야 이해가 된다. 두 분이 가진 강점 렌즈가 달랐기 때문이다.

강점 렌즈가 다를 때 생기는 차이가 비단 여행 계획을 짜는 일에만 적용되는 것은 아니다. 부부간에, 친구 간에, 함께 일하는 팀장과 팀원 간에, 사업 파트너 간에, 인생의 모든 영역에서 서로 다른 강점 렌즈에 따라 생각과 감정과 행동에 차이가 발생한다. 이런 이유로 사람들 사이에 갈등이 벌어진다.

　나의 강점 렌즈에 따라 나도 모르게 나의 방식만을 고집한다면 어떻게 될까. 갈등은 심화할 것이다. 강점 렌즈에 따라 서로 차이가 있을 수 있음을 인정한다면 어떨까? 인식하는 것만으로도 갈등은 2퍼센트 줄어들고, 협력은 2퍼센트 더 늘어날 것이다. 아니, 돈으로 수치로만은 계산이 안 될 중요한 가치다.

정철민 코치의 One Point Coaching

같은 목표 아래 함께 일을 하더라도, 강점 렌즈가 다르면 다르게 생각하고, 느끼고, 행동할 수 있습니다. 당신의 경험을 떠올려 보세요.
강점 렌즈에 따라 서로 어떤 다름을 경험했나요?

한 남자와
한 여자가
만났을 때

한 남자와 한 여자가 만났다. 처음부터 서로에게 끌렸다. 남자는 여자의 거침없이 자유롭고 풍부한 사교성이 마음에 들었다. 자신에게 없는 발랄함과 자유분방함을 여자에게서 발견했다. 여자는 남자의 진중함, 원칙에 집중하는 모습을 보고 믿음이 갔다. 끝까지 자신을 지켜 줄 것 같은 든든함이 느껴졌다.

남자와 여자는 자신에게는 없는 상대의 묘한 다른 점에 끌렸다. 그토록 찾던, 사랑하는 상대를 만났다고 생각했다. 여자와 남자는 사랑을 했고 결혼을 했다.

결혼하고 보니, 그 매력적이고 오묘했던 다른 점이 분명한 차이로 나타났다. 연애 때 보지 못한 점이 눈에 보이기 시작했다. 작은 것 하나하나에서 이해되지 않는 상대의 모습이 튀어나왔다.

남자와 여자 모두, 자기의 기준에서 볼 때 상대의 생각과 말, 행동이 도무지 이해되지 않았다. 서로를 있는 그대로 받아 주려 해도 힘이 들었다. 못마땅함이 흘러넘쳤다. 그런 횟수가 잦아지자 서로 따뜻한 말을 주고받는 대신 불평과 잔소리를 주고받았다. 험한 말이 오갔다.

사랑의 평행선이라고 해야 할까? 사랑했기에 너무나 사랑했기에, 평행선을 달렸다. 치약을 중간부터 짜느냐, 끝부터 짜느냐 하는 다툼은 아주 귀여운 애교 수준이었다. 동쪽으로 가자고 하면 서쪽으로 달려가는 일이 비일비재했다. 서로를 이해하려고 노력도 해봤지만, 이해하기 어려운 숨 가쁜 상황이 너무나 자주 반복되었다. 이혼을 결심한 적이, 아니 결정을 내린 적이 한두 번이 아니었다.

내 안에 빈 곳을 채워 줄 수 있을 것으로 기대했던 사랑은 절대 채워지지 않았다. 무엇이 문제일까?

남자는 정해진 규칙과 틀 안에서 주어진 일에 최선을 다하는 성향이었다. 과거에 어떤 일이 있었는지가 중요한 관심사였다. 여자는 정해진 틀 안에서 사는 것을 힘들어 했다. 틀에 얽매이지 않고 자유롭게 상상하고 사람들과 정서적으로 교류할 때 기쁨을 느꼈다. 과거보다는 미래를 꿈꿀 때 에너지를 얻었다.

정반대의 성향 때문에 서로에게 끌렸고, 자신도 모르게 나에게 없는 것을 상대가 채워 줄 것으로 기대했다. 그러나 내가 무엇을 가졌는지 나 자신이 알지 못하는데 어떻게 내가 가진 것을 상대에게 줄 수 있겠는가. 남자와 여자는 자기 자신을 몰랐다. 자신이 무엇을 가졌는지 몰랐기에 줄 수도 없었다.

내가 알지도 못하는 것을 사랑하는 사람이 달라고 한다. 나에게 있는 것으로 자신을 채워 달라고 한다. 별이라도 따다 주고 싶지만 줄 수가 없다. 내가 무엇을 가졌는지 알아야 주든지 말든지 할 것 아닌가.

내가 무엇을 가졌는지를 알고, 내가 가진 것의 가치를 충분히 인정하고, 나를 사랑하는 법을 먼저 배워야 한다. 그래야 내 안에 있는 그것을 꺼내 사랑하는 상대에게 줄 수 있다.

남자와 여자는 자신에게 있는 것이 무엇인지 뒤늦게 배우기 시작했다. 자신을 알고 인정하기 시작했다. 자신을 사랑하는 법을 배우기 시작했다. 자신을 사랑한다는 것은 자신의 존재를 있는 그대로 인정하는 것이다. 잘난 부분이나 못난 부분이나 모두 있는 그대로. 자신을 사랑한다는 것은 자신에 대해 못마땅한 부분이 있을 때도 못마땅하게 여기지 않는 것이다. 대가를 바라지 않고 자신에게 줄 수 있는 만큼 주는 것이다. 거울을 보면서 웃어주는 것, 괜찮다고 말해주는 것, 힘내라고 이야기해주는 것, 모두 대가를 바라지 않고 나에게 줄 수 있는 선물이다.

함께 사는 것이 절대 쉽지 않았던 남자와 여자. 서로를 바라보는 얼굴에 이십오 년의 투쟁의 세월이 빠르게 스쳐 지나갔다.

처음 두 사람은 사랑을 받기 위해 사랑을 했다. 사랑을 주기 위해선 나를 먼저 인정하고 사랑할 줄 알아야 한다. 두 사람은 자신을 사랑하면서, 상대를 사랑하는 법을 배웠다. 있는 그대로의 모습을 인정하고, 이해가 안 되고 못마땅한 것이 있어도 무던하게 넘어갈 수 있게 되었다. 자신이 줄 수 있는 만큼 마음을 줄 수 있게 되었다. 비로소 서로를 사랑하는 법을 터득하고, 서로의 허다한 허물을 덮어 줄 수 있는 수준이 되었다.

어느새 두 사람은 자신 안에 있는 것을 서로에게 흘려보내면서 서로의 반쪽을 채워 주는 완전체가 되었다. 이제는 사랑을 받기 위해서가 아니라 주기 위해 사랑한다.

정철민 코치의 *One Point Coaching*

가족이나 친한 사이에 당신이 이해하기 힘든 생각, 감정, 행동 때문에 생기는 갈등이 있나요? 누군가와 다름으로 인해 문제가 있을 때, 먼저 자신을 이렇게 사랑해 보세요.

- 존재를 있는 그대로 인정하기
- 이해가 되지 않더라도 못마땅하게 생각하지 않기
- 대가를 바라지 않고 지금 내가 줄 수 있는 만큼 주기

나를 사랑할 때, 다른 사람에게 그 사랑이 흘러갑니다.

미래에 사는 아빠,
과거에 사는 딸

"너는 꿈이 뭐야?"

"너는 왜 비전이 없니?"

아빠의 돌직구가 딸의 가슴에 꽂힌다. 꿈과 비전을 품고 싶지 않은 청춘이 어디 있으랴? 더구나 다 나 잘되라고 하는 말씀인데. 다만 내 몸과 마음이 아프고 따르고 싶지 않을 뿐!

아빠는 미래를 꿈꾸고 도전하고 성취하는, 불굴의 파이어니어(Pioneer)다. 십 년, 이십 년 뒤의 미래를 상상하고 꿈꾸는 게 너무나 자연스럽다. 아주 세밀한 것까지 계획을 세우고 준비한다. 미래를 생각하면 없던 에너지도 생기고 열정이 솟는다. 미래를 생각하고 도전하는 일은 삶의 기쁨이자 즐거움이다. 아빠에게는 그러한 모든 순간이 '강점의 순간'이고 '몰입의 순간'이다.

미래를 꿈꾸지 않는 딸을 보며 아빠는 도무지 이해할 수 없고 못마땅했다. '미래를 꿈꾸고 도전하라는 말을 왜 그리 힘들어하지? 요즘 애들은 도통 꿈이 없고, 도전 정신이 부족해.' 자신처럼 미래를 바라보면서 자신의 길을 개척하지 못하는 것 같아 속이 터지고 답답했다.

딸도 답답하기는 마찬가지다. 아빠가 미래를 생각하고, 비전을 품어야 한다고 말할 때마다 스트레스를 받고 힘이 빠진다. 누가 그렇게 하고 싶지 않은가? 다만 아무리 해도 안 되서 자신도 답답할 뿐이다. 내 마음도 모르고, 아빠는 나를 문제아로, 뭔가 부족한 아이로 생각한다. 아빠는 자기 생각을 주입하려고만 하는 '레알 꼰대'였다.

강점 검사 결과, 아빠와 딸은 정확히 반대로 나타났다. 아빠의 강점은 딸에게는 가장 약하고 부족한 부분이고, 오히려 딸이 강점을 발휘하는 부분은 아빠가 스트레스 받고 아무리 해도 잘 안 되는 약한 부분이었다. 두 사람은 생각의 방향, 문제를 해결하는 방식, 사람들과 관계 맺는 패턴이 완전히 정반대였다.

아빠는 자신의 강점 렌즈에 집착해 딸을 바라보았다. 딸 역시 자신의 렌즈로만 아빠를 보았다. 각자 자신의 강점 렌즈로만 고집해서 바라보기 때문에 서로가 이해하기가 힘들고 못마땅했다.

타인을 볼 때, 자신의 강점 렌즈로만 바라보면 왜곡이 일어난다. 있는 그대로의 모습을 볼 수가 없다. 도무지 이해되지 않고 못마땅해 보이기 마련이다. 심지어 '틀린 것'으로 보이기까지 한다.

이런 집착이 렌즈를 더 왜곡시켜 세상을 흐리고 부정적으로 보게 만든다. 이럴 때 자신의 렌즈를 점검하고 이물질이 있는지를 살펴봐야 한다. 자신의 강점 렌즈로만 판단하고 잣대를 들이대면 갈등과 감정 소모만 커질 뿐이다.

아빠와 딸의 관계는 조금씩 달라지기 시작했다. 서로가 다르다는 것을 아는 것이 이해의 출발점이 되었다. 타인의 렌즈를 인정하자 왜 아빠가 그런 말을 하는지, 왜 딸이 그렇게 반응하는지 이해되기 시작했다. 조금씩 서로 있는 그대로의 모습을 보며, 자신의 기준에서는 못마땅하게 생각하던 것을 내려놓기 시작했다.

아빠와 딸은 서로의 다름을 이해하고, 서로의 존재를 있는 그대로 인정하게 되었다. 더는 못마땅하게만 생각하지 않게 되었다. 마음을 줄 수 있는 사이가 되었다. 다르지만 가족이니까! 서로에게 사랑을 흘려보내게 되었다.

정철민 코치의 *One Point Coaching*

강점 렌즈가 서로 다르더라도, 이해하기로 결정할 때 이해 되기 시작합니다.
사랑하기로 결정할 때 사랑이 흘러갑니다.
당신은 자기 결정권을 가지고 선택을 할 수 있는 존재라는 것을 알고 있나요?

강한 채찍에는
강한 저항이
올 뿐

영화 <위플래쉬>를 봤다. 별 기대 없이 보기 시작했는데 영화가 끝
난 뒤 드럼 소리가 귀에 쟁쟁하게 남았다.

위플래쉬(Whiplash)는 '채찍'이라는 뜻이다. 마부가 말에게 채찍을
가하듯, 강압적인 방식으로 사람의 재능을 끌어올리는 모습이 연상된
다. 영화에서 플레쳐 교수가 "빨랐어, 느렸어? Are you rushing or dragging?"
라고 다그치는 대사가 있다. 그걸 보는데 "알았어, 몰랐어?", "했어, 안
했어?"라고 다그치던 직장 상사들이 떠올라 기분이 묘했다.

영화 내내 플레쳐 교수는 채찍을 휘두르듯 주인공 앤드류를 자신
의 템포로 몰아간다. "까라면 까는 거야. 무조건 내 기준에 맞춰. 근데

말이야. 이건 다 너를 위해서야." 영화를 보며 '이런 방식은, 세계 어디서나 비슷하구나' 하는 생각이 들었다.

강한 채찍에는 강하게 저항하는 법이다. 앤드류는 강하게 밀어붙이는 플레쳐 교수의 템포가 아닌 자신의 템포로 최고의 기량을 발휘하며 저항한다. 그리고 영화는 끝을 맺는다. 사람의 성장과 강점, 몰입, 리더십 등 많은 것을 생각하게 하는 영화였다.

플레쳐 교수나 앤드류처럼 높은 기준을 세우고 더 잘하고 싶어 하고, 현재 수준에 만족할 줄 모르는 성향의 사람들이 있다. 이들은 자신뿐만 아니라 주변 사람들에게도 채찍질을 가하듯 심하게 몰아친다. 자신과 조직을 더 높은 수준으로 이끌려는 강점을 가져서 그렇다. 이들은 때로 너무 까탈스럽고 만족할 줄 모르는 사람처럼 보인다. 피도 눈물도 없이 더 높은 수준을 요구해서 원성을 산다.

높은 기준을 가지고 그것에 도달하기 위해 최선을 다하는 것이 잘못된 것은 아니다. 문제는 다른 사람들의 상황과 수준을 고려하지 않는 경우다. 높은 수준에 오르는 데도 사람마다 방법과 속도에 차이가 있다. 그런데 이런 사실을 무시하고 내 방식으로 압박하기 때문에 문제가된다. 자신의 판단과 기준으로 재단하고, 그 기준을 맞추지 못하면 못마땅하게 여기거나 가치 없는 존재로 여긴다.

"이게 다 너를 생각해서 하는 말이야. 너는 이것만 고치면 돼."

특히 스포츠 분야의 코치나 감독 중에 현재 수준에 만족하지 못하고 기준을 높게 잡는 강점을 가진 이들이 꽤 있다. 이들 중에는 선수로서 당대 최고의 명성을 날린 이들이 많다.

"야! 이게 안 되냐? 이렇게 던지란 말이야. 이렇게!"

이들은 선수의 마음을 알지 못한다. 왜냐하면 그때 자신은 되었으니까. 다 잘되라고 하는 이야기인데, 알아듣지 못하는 것 같아 답답할 뿐이다. 선수들은 그런 코치나 감독이 자신의 특성을 이해하고 수용해주지 않으니 서운한 감정이 앞선다. 자신에게 맞지 않는 방식을 강요하는 것 같아 결국 뒤로 물러서기도 한다.

기준이 높은 사람들은 다른 사람에게만이 아니라 자신에게도 아주 높은 기준을 적용한다. 100점이 아니면 성에 차지 않는다. 적당히 할 것 같으면 아예 포기해 버린다. 차라리 안 하고 말지, 못한다는 소리는 듣고 싶지 않다. 자신이 생각한 기준에 도달하지 못하면 다 때려치우고 포기하는 것이 낫다고 생각한다.

자신만의 기준이 높다 보니 잘했다는 칭찬도 귀에 들어오지 않는다. 잘했다고 해도 진정성 있게 느껴지지 않는다. 자신의 기준을 넘어서야 조금 만족스럽다. 아니 사실은 만족하지 못한다. 더 높은 새로운 기준을 또 세웠으니까! 시작하지 않았으면 모를까, 시작했으면 최고로 끝을 봐야 한다.

이는 비단 전문가나 프로의 세계에만 해당하는 이야기가 아니다. 우리의 일상과 주변에서도 쉽게 발견할 수 있다. 아이가 시험에서 100

점을 맞았다. 아이는 부모에게 인정받고 자랑하고 싶은 마음이 가득하다. 하지만 기준이 높은 부모에게 아이의 100점이 눈에 차질 않는다.

"100점 맞았어요."

"그래. 더 잘해야지."

"그런데 너희 반에 100점 맞은 애들 몇 명이야?"

"방심하지 마라."

끊임없는 채찍질이 독특한 재능과 강점을 가진 귀중한 존재를 '못다 핀 꽃 한 송이'로 만들 수 있다. '더 높게, 더 빠르게, 더 강하게'라는 채찍질이 한동안은 통할지도 모른다. 하지만 거기까지다. 얼마간 성장하다가 멈춰 버린다. <위플래쉬>의 플레쳐 교수와 앤드류처럼 서로의 관계도 멈춰 버린다. 진정한 내면의 성장도 멈춘다.

한 사람의 강점이 개발되고 성장하기 위해서는 시간이 필요하다. 있는 그대로의 인정과 수용이 기다림의 시간과 맞닿을 때 아름다운 꽃을 피운다. 더 높은 수준을 추구하는 강점은 강력한 성장 동기가 되고 수준 높은 결과를 낼 수도 있지만, 적절히 제어되지 않으면 심각한 약점이자 독이 된다. 기준이 높을수록 기다림의 시간도 길어야 한다.

기준을 높게 잡고 채찍질하는 조직에서는 오히려 약점에 집중하는 문화가 생기기 쉽다. '실패하면 어떻게 하지? 잘못되면 어떻게 하지?' 이런 생각이 사람들의 마음속에 뿌리내린다. 실패와 약점을 없애려 집중하다 보면 문제가 생기지 않기만을 바라게 된다. 염려, 걱정, 불안, 두려움이 몰려오고 이런 상태에서는 강점이 제대로 개발될 리가 없다. 악순환이 반복될 뿐이다.

받아쓰기 점수를 받아 온 아들이 자랑스럽게 말했다.

"엄마, 나 3개 맞았어요."

"10개 중에 3개 맞았다는 거지? 지난번 시험보다 3개 더 맞았네. 잘했네. 우리 아들."

느리고 더딘 것 같다. 하지만 이해하고 수용하고 기다리면서 아이의 성장을 지켜본다. 그게 더 빠른 길이라는 것을, 인생을 통해 배웠기 때문이다.

정철민 코치의 One Point Coaching

더 잘 하려는 것은 분명히 좋은 강점입니다.
하지만 기준이 높을수록, 그곳에 도달하기 위해서는 시간이 더 필요한 법입니다.
자기 자신에게, 혹은 다른 사람에게 작은 것이라도 인정하고 칭찬하면서 시간을 주세요. 그것이 양분이 되어 마음의 힘이 자랍니다.

♥ ◯ ▷
LOVE # FASHION # PHOTO

♥ ◯ ▷
FOLLOW ME # LIKE

♥ ◯ ▷

미운 오리로 살래?
백조로 살래?

.

안데르센이 쓴 동화 <미운 오리 새끼>가 있다. 보통의 오리들과는 다르게 생겼다는 이유로 따돌림을 당했던 새끼 오리가 사실은 아름다운 백조였다는 이야기다. 이 동화는 작가 안데르센의 자전적 이야기라고 한다. 자신의 삶을 거울에 비추듯 <미운 오리 새끼>를 쓴 것이다. 백조인 것을 알기까지 고단하고 힘든 미운 오리로 살았던 작가 자신의 경험이 담겼다.

동화 <미운 오리 새끼>를 거울삼아 우리도 나의 상태를 점검해 볼 수 있다. 이야기에 나를 비춰 보자. 어떤 모습이 떠오르는가? 나는 지금 미운 오리 상태인가, 아니면 백조 상태인가?

'나는 누구인가?'와 같은 심오한 질문은 철학자들도 평생을 걸쳐 묻고 답하는 어려운 질문이다. 하지만 지금 내가 '오리 상태'인지, '백조 상태'인지는 누구라도 금방 알 수 있다.

미운 오리 새끼가 겪는 상황을 떠올리면서 내가 과연 무엇 때문에 힘들고 괴로운지 생각해 보자. 많은 사람이 다른 사람들의 평가에 자신도 모르게 반응하며 괴로워한다. 만약 내가 누군가 평가와 기준을 들이댈 때마다 힘들어 한다면? 그때마다 한없이 작아진다면? 또는 다른 사람들이 날 얼마나 인정해 주는지에 목말라 한다면? 그럼, 미운 오리 새끼가 맞다.

나는 지금 어떤 문제로 괴로워하는가? 고민할 만한 진짜 문제를 놓고 고민하는가, 아니면 하지 않아도 될 문제를 고민하는가? 그 문제가 왜 나를 괴롭고 힘들게 하는지 이유를 아는가?

내가 미운 오리 새끼 상태일 때 대부분의 문제는 내가 문제라고 생각하기에 문제가 된다. 문제라고 생각하지 않으면 힘들지 않다. 그렇다면 왜 그것을 문제로 생각할까? 누군가가 세워 놓은 기준 때문이다. 그 기준에 맞추지 못한다고 생각하니 스스로가 못마땅해서 그렇다. 또는 다른 사람도 내가 세운 기준에 맞춰야 한다고 생각하는데 상대가 그렇지 않으니 화가 나고 괴롭다.

예쁜 오리를 보며 동경하고, 나도 그 오리처럼 되고 싶은가? 내게 없거나 부족한 무엇인가를 채워서 예쁜 오리로 살아 보려고 애를 쓰는가? 무엇을 해도 예쁜 오리가 될 수 없어 좌절하는가? 그렇다면 미운 오리로 사는 자신을 제대로 들여다보아야 한다.

이 시대 미운 오리들은 다른 사람들의 빛나는 모습은 보면서 나 자신의 독특함과 나다움은 보지 못한다. 다른 사람들이 가진 것만 부러워하고 자신에게서는 부족함만 보고 실망하고 좌절한다. 그러다 보니 남들이 가는 길로 우르르 가려 한다. 자기가 아닌 남이 되려 한다.

그렇다면 안데르센은 어떻게 미운 오리의 삶에서 벗어날 수 있었을까? 핵심은 '관점'에 있다. 바라보는 눈을 바꾸는 것이다. 자기만의 관점을 가질 방법을 찾아야 한다. 안데르센은 미운 오리가 아닌 백조의 관점으로 자신을 바라보고, 그 관점으로 살고자 하면서 미운 오리의 삶에서 벗어날 수 있었다.

안데르센에게는 새로운 세상으로의 '여행'이 관점을 바꿔 놓는 계기가 되었다. 여행은 마치 미운 오리 새끼가 농장 울타리를 넘어서 새로운 세상을 경험한 것과 같았다. 사람은 다른 사람, 다른 세상을 경험하면서 나만의 독특한 나다움을 찾는다. 나의 독특함을 있는 그대로 인정해 주는 사람들과의 만남을 통해 백조의 관점을 발견할 수 있다. 내가 새로운 나로 나답게 살 방법이다.

관점의 변화를 위해 다양한 방법을 시도해 볼 수 있다. 중요한 포인트는 자기 내면에 귀 기울이고 밖으로 표현하는 것이다. 관점을 바꾸는 내면의 소리는 다양한 형태로 드러날 수 있다. 어떤 사람은 글로, 어떤 사람은 운동으로, 어떤 사람은 일의 결과로, 어떤 사람은 새로운 습관으로 표현한다. 내면의 소리를 다양한 방식으로 표현하면서 자신의 관점을 발견하고 확인하는 것, 이것이 바로 나다운 삶을 드러내는 시작이다. 안데르센은 자기의 내면의 소리를 자전적 동화 <미운 오리 새끼>로 표현했다.

"더는 남들의 기준에 맞춰 미운 오리 새끼처럼 살지 않겠어. 내 결핍에 집중해서 몸부림치는 삶은 받아들이지 않겠어. 누가 뭐라 해도 나는 백조야."

안데르센처럼 관점을 바꾸는 인식의 변화를 통해 나로 사는 삶을 새롭게 시작할 수 있다. 미운 오리 새끼가 아닌 백조로, 남다르고 특별한 나로 살 기회는 얼마든지 열려 있다.

정철민 코치의 *One Point Coaching*

당신은 미운 오리 새끼 상태인가요, 백조 상태인가요?
지금까지 자신에 대해 오해하고 있는 것은 무엇인가요?
당신이 백조로서 진정으로 원하는 것은 무엇인가요?

지금 방향을
바꿀 수
있겠니?

"성공하고 싶다면 끝까지 포기해서는 안 된다." 많은 자기계발서가 전하는 메시지다.

H도 처음엔 그렇게 생각했다. 포기하는 것은 실패자가 되는 것이라고. "포기하지 말라. 끝까지 버티는 사람이 반드시 성공한다"라는 말은 H를 자극하고 채찍질했다.

H는 얼마 전까지 뮤지컬 배우 지망생이었다. 초등학교 때 우연히 본 뮤지컬 공연에 온 마음을 빼앗겼고, 부모님을 졸라 예고에 지원해 뮤지컬 배우의 꿈을 키워갔다.

노래에 재능이 있던 H는 잘한다는 칭찬을 듣기도 했지만, 마음 한

쪽에 항상 결핍감과 부족함을 느꼈다. 특히 선생님마다 "뮤지컬 배우는 반드시 이런 것이 있어야 해"라고 할 때면 왠지 모르게 마음이 답답해졌다. 선생님이 말하는 그 뭔가가 자신에게는 없는 것처럼 느껴졌기 때문이다. 그럴수록 마음을 다잡고 남들보다 더 노력했다. 하지만 마음속 한쪽에 자리한 결핍감과 부족함은 쉽게 사라지지 않았다.

다른 뮤지컬 지망생들, 특히 최고의 뮤지컬 배우들과 비교할 때마다 항상 자신이 제자리에 머물러 있는 것처럼 느껴졌다. 자기보다 못하다고 생각한 친구가 앞서 나가는 모습을 보면서 좌절했다.

'나는 무엇이 문제일까?' '나는 왜 안 되는 것일까?' 이런 생각이 머릿속에서 떠나지 않았다. 자신감이 떨어지고 나만 뒤처지는 것 같았다. 깊은 우울감에 빠지기도 했다.

뮤지컬 전공을 연출로 바꾸어 보았다. 예전보다 조금 나아진 듯했지만 배우의 꿈을 포기하기가 쉽지 않았다. 포기하는 것이 자신에게 무책임한 것만 같았다. H는 계속해서 자신을 채찍질했다. 앞만 보고 달려온 인생의 방향을 잃은 것 같았다. 자신이 누구인지 혼란스러웠다.

내가 H를 만난 것은 H가 뮤지컬을 포기하고 IT 분야에 막 발을 들였을 때였다. 부모님의 권유로 IT 분야로 진로를 변경했지만, 마음속으로는 뮤지컬에 대한 미련을 여전히 버리지 못한 상태였다.

코치로서 H의 강점을 분석해 보았다. H는 미래를 꿈꾸고 미래에 이루어질 일들을 생각하며 에너지를 얻는 미래주의자였다. 태양 빛을 받을 때 태양광 패널이 전기를 생산하듯이, 미래를 상상할 때 에너지가 생기고 아이디어가 떠오르고 그것을 실행해 낼 수 있는 사람이었다. 또한 사람들의 특성을 빠르게 파악하고, 그들의 특성에 따라 제 역할을 맡기고, 그에 따라 성과를 만들어 낼 수 있는 잠재력이 있었다.

뮤지컬 분야에서 H의 이런 강점은 그동안 별로 빛을 발하지 못한 듯했다. 오히려 H가 가진 다른 강점인 지칠 줄 모르고 최고를 추구하는 성향이 뮤지컬 분야에 있을 때 약점으로 작용했다.

H의 강점을 분석하고 나자, H가 겪고 있는 상황이 마음으로 이해가 되었다. H가 느낀 뮤지컬 배우가 가져야 할 '그것'이 H에게는 없었다. 결핍감과 부족함을 느낀 게 당연했다. 지칠 줄 모르고 최고를 추구하는 H와 같은 강점을 가진 사람들은 자신을 다른 사람들과 비교할 때 항상 부족하게만 느낀다. 그 답답함과 좌절감이 무던한 내 마음을 때릴 정도였다.

H에게는 뮤지컬 배우로의 '그것'이 없었지만, 다른 '그것'이 있었다. 다만 자신 안에 있는 보석을 보지 못하고, 다른 사람들에게 있는 보석만을 본 것이 문제였다. 그 때문에 좌절하고 자책한 것이 문제였다. 예쁜 오리가 되고 싶지만, 그런 오리와 다른 자신의 모습 때문에 좌절하는 미운 오리 새끼였다.

어느 날 자신의 모습에 좌절하며 낮은 자존감으로 살던 미운 오리 새끼가 백조를 만났다. 잔뜩 주눅 든 채 경계심으로 방어막을 친 미운 오리 새끼에게 백조가 말했다.

"물에 비친 네 모습을 봐."

물에 비친 미운 오리 새끼는 바로 백조의 모습이었다.

물에 비친 자신의 모습을 보고 자신이 백조인 것을 깨달은 미운 오리 새끼처럼, H는 자신의 강점을 통해 비친 자신의 진짜 모습을 발견했다. 그것은 이미 자신이 가진 것들이었다. 단지 그 사실을 알지 못했을 뿐.

뮤지컬을 하며 했던 모든 경험이 앞으로 당신이 무엇을 하든 좋은 성장의 재료가 될 거라고 이야기해 주자, H는 뮤지컬에 대한 남은 집착을 미련 없이 놓아 버렸다. 때로는 포기해야 할 때도 있는 법이다. 실패한 시도는 가치가 없는 것일까? H가 뮤지컬에서 경험한 모든 것, 심지어 좌절의 경험까지도 H만의 독특함을 만드는 소중한 자원이었다.

H는 미련 없이, 후회 없이 뮤지컬 분야의 미운 오리 새끼가 아닌 IT 분야의 백조로 살기로 했다. IT 기업의 CEO를 꿈꾸며 IT 기업에서 엔지니어로 경력을 쌓기 시작했다. 빠르게 변하는 IT 환경에 맞춰 미래를 상상하고, 아이디어를 내고, 실행하는 일이 그에게는 무척이나 즐거운 일이었다.

지칠 줄 모르고 최선을 다하는 자신의 강점을 IT 지식을 쌓고 스킬을 연마하는 데 제대로 사용하고 있다. 이제 그는 IT 분야의 기획자로, 미래의 IT 기업 CEO로 자신의 모습을 상상한다. 그것이 자신의 강점에 맞는 진정한 나다운 모습이었다.

"앞으로 어떤 모습이 되고 싶으세요?" 내가 물었다.

"영화 '인턴'에 나오는 시니어 인턴 '로버트 드니로'처럼 전문성과 삶의 여유를 갖고 다른 사람을 돕는 사람이 되고 싶어요. IT 분야에서 경험을 쌓아 제가 가진 경험을 다른 사람들과 나누고 싶습니다."

미운 오리 새끼로서의 자신의 모습을 잊은 H는 백조로 훨훨 날아가려 한다. 인생 전환이 일어나는 중이다.

정철민 코치의 *One Point Coaching*

당신이 미운 오리 새끼가 아닌 백조의 삶을 산다면,
백조로서 진정으로 원하는 것은 무엇입니까?
그것을 위해서 당신의 재능과 강점을 어떻게 개발하길 원합니까?

CHAPTER 3

진짜 나를 만나기 위한 여정

쓸모 있는 개고생,
그 끝에 발견한
보석

성장 소설을 보면, 주인공들은 간절히 원하는 것을 얻기 위해 길을 나선다. 여행길은 대부분 고생길이다. 무지막지하게 고생을 하다가 결국엔 그토록 찾던 소중한 보석이 이미 자신 안에 있다는 사실을 깨닫는다. <연금술사>나 <오즈의 마법사>와 같은 소설의 구조가 그렇다.

'어? 이게 뭐야. 허무하게.'

자기 안에 이미 답을 갖고 있는데도 왜 이런 개고생을 하게 만든 걸까 생각할 수도 있다. 그렇다면 그 고생은 과연 의미가 없는 것일까? 120년 전에 쓰인 소설 <오즈의 마법사>는 그런 개고생의 여정이 인간의 성장과 삶의 변화에 어떤 의미가 있는지 알려 주는 이야기다.

토네이도로 낯선 세상에 떨어진 도로시는 캔자스 집으로 돌아갈 방법을 구하러 오즈의 마법사를 찾아 나선다. 그 과정에서 어리숙함이 넘쳐나는 친구들을 만난다. 다들 나사가 하나씩 빠져 있는, 뭔가 모자란 친구들이다. 지혜를 얻고 싶은 '뇌 없는 허수아비', 심장을 갖는 게 소원인 '양철 나무꾼', 소심하게 용기를 구하는 '겁 많은 사자'. 이들은 자신에게 없는 바로 그것만 있다면 자신들의 삶이 완벽해질 수 있다는 기대감에 부풀어 있다. 그런데 이 친구들은 정말 모자란 존재들인 걸까? 자신들이 원하는 그 중요한 것을 정말 갖고 있지 않은 걸까?

"당신이 찾는 그것이 이미 당신에게 있어요. 그것으로 서로를 도와주고 있잖아요!"

<오즈의 마법사>를 읽으며, 이렇게 외치고 싶을 때가 한두 번이 아니었다. 이런 답답함은 책 속에만 있는 것이 아니었다. 주변 사람들을 보면 '이미 자신 안에 보석이 있다'는 사실을 알지 못하는 이들이 꽤 있다. 그것도 아주 많이. 답답하고 속이 터진다. 알려 줘도 알아듣지 못하니 가슴을 친다. 자신 안의 보물을 알아보지 못하고, 엉뚱한 곳에서 헤매고 있으니 말이다.

<오즈의 마법사>에서는 아찔한 순간마다 뇌가 없는 허수아비가 지혜롭게 해결책을 제시한다. 심장이 없어 슬퍼하던 양철 나무꾼은 누구보다 따뜻한 마음으로 작은 일에도 함께 울고 웃으며 세심하게 친구들을 보살핀다. 용기가 없다던 겁쟁이 사자는 무서운 적들을 만날 때마

다 누구보다 앞장서서 용감하게 친구들을 지켜 낸다. 그런데도 이들은 자신이 찾는 그것이 자신에게 이미 있다는 사실을 생각조차 하지 못한다. 똑순이 도로시도 별반 다르지 않다. 자신의 구두에 집으로 돌아가는 비밀이 숨겨져 있는 사실을 알지 못한다.

모험이 계속될수록 허수아비, 나무꾼, 사자는 이미 자신들이 가진 놀라운 재능과 강점을 자연스럽게 발휘한다. 그뿐만이 아니다. 어느새 서로의 강점으로 서로의 약점을 보완하는 놀라운 시너지를 보인다. 위기의 순간에 서로를 구하기도 하고, 힘을 합쳐 마녀의 위협을 물리쳐 마침내 마녀를 제거하기에 이른다.

<오즈의 마법사> 주인공들은 자신들이 혼자서 빛날 수 있는 존재가 아니라는 사실을 서서히 깨닫는다. 그리고 자신도 모르는 사이에 서로를 도와 놀라운 결과를 이루고, 속박에 묶여 있던 사람들을 구원한다. 자신도 모르게 발휘한 나의 강점이 다른 누군가를 도울 수 있다는 것을 온몸으로 체험하면서 없던 자신감마저 얻는다.

<오즈의 마법사>는 자기 안의 보석을 보지 못한 채, 밖에서 무언가 끊임없이 애타게 찾아 헤매고 있는 모든 사람을 위한 책이다.

집 떠나 고생해 봐야 안다고 했던가. 개고생의 여정이 사람을 성장시킨다. 그런 삶의 여정이 있어야 진짜 내 안에 있는 소중한 것의 가치를 알게 된다. 개고생 끝에 원래 있던 자리로 돌아오면, 그제야 내 안의 '또 다른 나'를 발견한다. 고생하면서 내 안에 묻혀 있던 소중한 보석이

다듬어지고 앞으로 빛날 기회를 얻는 것이다.

우리는 지금, 자신 안에 있는 보석을 발견하고 다듬고 빛나게 할 삶의 여정을 걷고 있다. 비록 당장은 '개고생'처럼 보일지라도 말이다.

정철민 코치의 *One Point Coaching*

누구에게나 잘하는 것이 있습니다.
당신이 이미 잘하고 있는 것이 무엇인지, 좋아하는 것이 무엇인지, 세상이 당신을 필요로 하는 것이 무엇인지 찾아보세요.

누군가에게
'의미 있는 타인'이
되다

"아무리 아름다운 곳이 있다 해도 세상에 고향만큼 좋은 곳은 없
거든."

　가난하고 외딴 시골, 캔자스 출신의 깡다구 소녀 도로시. 그녀는 작
은 오두막에서 아저씨, 아줌마와 함께 사는 것만으로도 행복했던 고향
에서의 기억을 떠올리면서 이렇게 말한다.

　<오즈의 마법사>에서 도로시의 유일한 목표는 고향인 캔자스로
돌아가는 것이다. 이를 위해 그녀는 거침이 없다. 어떤 고난도, 슬픔도,
비난도, 유혹도 그녀를 막을 수 없다. 오로지 직진밖에. 그리하여 내내
그녀는 '캔자스로 돌아가야 하니까', '오직 캔자스 Go!'를 외친다.

그런데 도로시가 이렇게 직진하는 이유는 무엇일까? 도로시가 아는 것은 오로지 캔자스에서의 삶뿐이었다. 이것이 그녀가 직진한 이유였다. 그곳에서의 삶은 도로시에게 완전한 행복이자 인생의 전부였다. 그리하여 캔자스로 돌아가는 것이 인생에서 추구해야 할 중요한 가치이자 목표가 된 것이다.

누군가 "너는 아는 게 캔자스밖에 없구나"라고 비아냥거려도 상관없다. 남들이 뭐라 해도 나, 도로시는 내가 가장 소중히 여기는 가치와 목표를 추구할 뿐이다. 도로시는 그러니까, '직진녀(直進女)'이다.

여기 도로시와 비슷한 캐릭터들이 있다. 빨강머리 앤, 말괄량이 삐삐, 외로워도 슬퍼도 울지 않는 캔디, 달려라 하니 등. 이 주인공들은 자신이 아는 중요한 가치에 집중한다. 그게 전부라서 그 길로 간다. 비록 자신이 추구하는 목표나 가치가 남들에겐 우습게 보여도 괜찮다. 씩씩하게 내 갈 길을 간다. 바로 직진녀들의 공통점이다.

직진녀들은 쓸데없이 용기가 넘치고 의외로 마음이 따뜻하다. 자신이 위험에 처해도 아랑곳하지 않는다. 도로시는 강아지 토토를 위협하는 사자에게 소리친다. "우리 토토 물기만 해, 가만히 안 둬! 작은 강아지를 물려고 하다니, 부끄러운 줄 알아야지!"

약자들이 당하는 모습을 보면 결코 물러서는 법이 없다. 자신에게 피해가 될지언정 물불을 가리지 않는다. 피해 가는 법도 없다. 해야 할 일이 마땅하다면 팔을 걷어붙인다. 그래서일까? 장대에 박혀 꼼짝 못하는 허수아비, 녹이 슬어 움직일 수 없는 양철 나무꾼, 겉만 번지르르한 사자. 이들 모두 도로시가 따뜻한 마음으로 내민 손을 잡고 세상으로 나와 자신만의 빛을 낼 만큼 성장한다.

자신의 목표를 향해 직진하면서도 따뜻한 마음을 가진 직진녀 도로시. 만약 허수아비, 양철 나무꾼, 사자 같은 답답이들이 도로시를 만나지 못했다면 어떻게 되었을까? 아마도 그저 뇌 없는 허수아비, 심장 없는 양철 나무꾼, 겁 많은 사자로 내내 살았을 터다.

이것이 비단 동화 속 이야기만은 아니다. 멀쩡해 보여도 아직 빛을 보지 못하고 진흙 속에 박혀 있는 이 시대의 '아싸'들이 있다. 도로시 같은 직진녀가 따뜻하게 손 내밀어 주길 간절히 기다리고 있는 아웃사이더(Outsider)들이 현실에도 넘쳐난다. 그리고 도로시와 같은 이들도 존재한다. 자신의 비전과 가치를 포기하지 않으면서도 주변의 아싸들을 따뜻하게 품어 주는 사람. 이런 이들 주변에는 항상 사람들이 모이고 함께 성장하며 반짝반짝 빛난다.

직진녀 도로시는 '의미 있는 타인'이다. '의미 있는 타인'이란 나와 관계 맺고 있는 사람 중 내 삶에 큰 영향을 미치는 사람을 말한다. 서로 좋아하고 신뢰하는 관계이고, 적절한 피드백을 제공하며 성장을 촉진하는 사람이다. '의미 있는 타인'의 관심과 따뜻한 사랑으로 인해 나도 미처 알지 못한 내 안의 보석이 비로소 빛을 발하기 시작한다. 도로시가 있기에 흙 속에 묻힌 보석들이 빛나기 시작하고 친구들이 의미 있는 인생을 살게 된 것처럼 말이다.

그런데 과연 도로시만이 친구들에게 '의미 있는 타인'이었을까? 친구들도 자연스럽게 도로시에게 '의미 있는 타인'이 되어 주었다. 친구들이 없었다면 도로시는 진정으로 자신이 무엇을 원하는지, 자신이 가진 것으로 무엇을 할 수 있는지를 몰랐을 것이다. '직진'만을 외치는 시골뜨기 소녀로 살았을 것이다.

많은 사람이 자신의 강점은 오롯이 자신의 힘과 노력으로 만들어진 것이라고 착각한다. 하지만 잠깐만 멈춰 생각해 보자. 사람의 성장은 진공 상태에서 일어나지 않는다. 사람 간에 상호 작용을 통해 시작되고 발전한다. 내가 강점을 발휘하며 나답게 사는 것은 주변의 많은 '의미 있는 타인'들의 보이지 않는 작용과 헌신이 있었기 때문이다.

도로시를 닮은 또 한 사람의 직진녀가 떠오른다. 바로 나의 아내다. 처음 보았을 때 아내의 모습은 자신이 추구하는 가치와 목표를 위해 절대 굽히지 않는, 불굴의 직진녀 바로 그 자체였다. 흰 저고리에 검정 치마만 입으면 딱 일제강점기에 독립운동가의 모습이고, 만세를 부르다 유관순 누나와 한 감방에 있을 상이었다.

반면 나는 겉은 멀쩡해 보이지만 속은 빈 강정이었다. 세상의 풍파 속에서 악전고투하며 나뒹굴고 있던 시기에 아내를 만났다. 도로시가 겁먹고 캉캉대는 불쌍한 토토를 품듯, 온통 비관적으로 세상을 삐딱하게만 보던 나를 품어 주고 인정해 준 사람이 바로 아내였다. 아내가 없었다면 나는 지금처럼 코치로서 다른 사람을 돕는 일도 할 수 없었을 것이다. 그녀가 있었기에 나 같은 답답이도 껍데기를 벗고 밥값 하는 인생으로 거듭날 수 있었다.

생각해 보면, 삶의 여정에서 내게 힘이 되어 준 사람들이 있다. 그들이 있기에 내 안에 있는 보석이 드러나고 빛나기 시작한다. 그들이 있기에 나 또한 누군가를 빛나게 하는 존재로 성장할 수 있다. 함께 어려움을 헤쳐 나가는 과정에서 서로에게 '의미 있는 타인'이 되고 서로의 강점도 발견할 수 있다.

이 기회에 한 지붕 아래에 살고 있으며, 여전히 쉴 새 없이 나에게 잔소리하는 직진녀에게 다시 한번 감사를 표한다.

정철민 코치의 One Point Coaching

주변에 당신의 성장을 도와주는 의미 있는 타인은 누구인가요?
그들이 말하는 당신이 잘하는 것은 무엇인가요?
당신도 누군가에게 의미 있는 타인이라는 사실을 잊지 마세요.

'최고의 나'를
발견하는
씨앗

　내게 자연스러운, 나를 나답게 하는 '생각, 감정, 행동의 패턴'은 언제 생길까?

　뇌 과학자들은 사람의 타고난 강점 씨앗은 보통 5세부터 본격적으로 나타난다고 한다. 이때가 뇌에 있는 신경 세포의 연결인 신경망 패턴이 조금씩 분명해지는 시기다. 광범위하고, 복잡하며, 독특한 형태로 짜여 있는 사람의 두뇌 신경망은 5세 이후 그 연결의 형태가 서서히 분명해지고, 그 패턴이 조금씩 명확해진다.

　마치 넓은 초원에 길이 만들어지는 과정과 비슷하다. 한 사람, 두 사람이 지나가면서 조금씩 길이 생기듯, 우리 두뇌의 신경 세포들이 연결되는 과정에 일정한 패턴이 생긴다. 이런 패턴으로 신경 세포와 신경망의 연결이 지속적이고 반복적으로 일어난다. 조금 더 넓은 길이 생기고, 그 위에 고속도로가 생기는 식이다. 자주 편하게 가던 길을 반복해서 가다 보니 오직 그 길로만 가는 것과 비슷한 이치다.

"다음에 뭐할 거야?"

"오늘 계획이 뭐야?"

"저녁을 먹으려면 얼마나 남았어?"

첫째 아이 요섭이는 다섯 살 때부터 앞으로 일이 어떻게 진행될지를 매번 묻곤 했다.

요섭이는 어떤 일을 할 때 예측할 수 있고 질서정연하고 계획된 것을 좋아한다. 스케줄을 스스로 정하고 마감 날짜를 정확하게 지킨다. 시키지 않아도 무엇인가를 스스로 정리한다. 항상 깔끔하고 단정한 편은 아니지만 무슨 일이든지 정확하게 하려는 성향을 지녔다. 혼란스러운 삶 속에서 상황을 통제하고 있다는 느낌이 들 때, 안정감을 느끼고 만족했다.

아내와 나는 세세히 일정을 짜고 움직이는 편이 아니다. 큰 방향을 정하고 조금은 즉흥적으로, "우리 이거 해보면 어때?" 하면서 기분과 상황에 따라 유연하게 조율한다. 그런 부모에게 어린 요섭이가 "다음에 뭐할 거야? 그다음에는?" 하고 물을 때면, 마치 아이가 우리를 '지금

이 사람들이 생각이 있기는 한가?' 하며 한심하게 보는 것 같았다. 이런 요섭이의 모습은 우리 부부에게 스트레스가 되기도 했다.

요섭이는 예측하지 못하는 상황을 싫어하고 계획에 없던 갑작스러운 상황이 벌어지면 당황한다. 반면 계획하는 일을 잘하고, 계획을 어떻게 실행해야 할지 절차를 만들 줄 안다. 이런 재능은 어릴 때부터 나타나는 자연스러운 생각, 감정, 행동의 패턴이다. 이런 성격과 성향이 요섭이 같은 사람들이 가진 타고난 강점의 씨앗이다.

뇌의 신경망이 만드는 자동적인 패턴은 어떤 상황에서는 기분 좋은 긍정적인 결과로 연결되지만, 어떤 때는 받아들이기 힘든 상황이나 부정적인 결과를 낳기도 한다. 특히 아직 어리고 미숙한 아이들은 자신에게 나타나는 신경망의 자동적인 패턴을 인식하고 제어하기가 어렵다.

요섭이는 일정이 확실하지 않으면 스트레스를 받고 쉽게 짜증을 냈다. 나와 아내는 뭐 이런 일로 짜증을 내냐며 아이를 여러 번 야단치기도 했다. 일정과 계획을 꼭꼭 따지는 듯한 아이의 성향도 마음에 들지 않았다. 하지만 이는 부모인 내 기준과 관점, 기질로 아이를 판단했기 때문이다. 유연하게 조율하는 패턴을 가진 부모가 매사 정확해야 하는 패턴을 가진 아이를 부정적인 눈으로 바라봤기 때문이다.

자연스럽게 나타나는 생각과 행동을 통해, 사람은 기분 좋은 몰입을 경험한다. 그런데 나의 자연스러운 패턴으로 인한 생각, 느낌, 행동에 대해 주변 사람들이 나와 다르다며 비판하고 부정적인 피드백을 수시로 보낸다면 어떨까.

아직 미숙하고 잘 다듬어지지 않았지만 나의 자연스러운 패턴을 인식하고 제어하는 것이 성장하는 과정이다. 아이의 자연스러운 패턴은 부모의 패턴과 다르게 나타날 수 있다. 요섭이에게는 자연스러운 성장의 과정인데, 다른 패턴을 가진 미숙하고 무식한 부모가 "네가 틀렸어"라면서 아이를 잡을 뻔했다.

뇌의 신경망 연결의 패턴을 이해한다면, 다른 사람에게 자연스럽게 나타나는 패턴과 그것이 다듬어지는 과정을 인내심을 갖고 기다려 줄 수 있다. 좋은 방향으로 개발되도록 안내해 줄 수도 있다. 서로 다름을 인정하면서 말이다.

우리 부부는 아이가 타고난 성향 때문에 자신도 모르게 미숙한 모습을 보일 때 이해하고 수용하는 수준이 되었다. 요섭이가 타고난 성향으로 인해 때로 부정적 모습을 보일 수 있다는 것을 충분히 인정하고 받아들인다. 지금은 부정적으로 보이지만 그것을 통해 요섭이가 자신의 강점을 발휘할 수 있다는 것도 안다.

이것이 선순환을 만들었다. 요섭이도 성장하면서 스스로 자신의 자동 패턴 성향이 부정적으로 나타날 수 있다는 것을 인식하게 되었다. 자신과 다른 사람들이 서로 다를 수 있음도 깨닫게 되었다. 이제는 차이를 자연스럽게 수용하고, 조금씩 자신의 미숙한 모습을 다듬어가면서 성장하고 있다.

사실 달라서 싫은 것이 아니다. 내 기준에 맞추지 않아 싫은 것이다. 여전히 미숙한 사람이 자신의 미숙함을 발견하면서 성장한다. 다름 아닌 나의 이야기다.

 정철민 코치의 *One Point Coaching*

당신의 자연스러운 생각, 감정, 행동의 패턴은 언제부터 나타나기 시작했나요?
그때 어떤 일들이 있었나요?

부정적인 것은
무조건
나쁜 것일까?

　긍정적인 것은 좋은 것이고, 부정적인 것은 나쁜 것일까? 그렇지 않을 수 있다. 그 반대일 수도 있다.

　지나치게 낙관적이고 긍정적인 사람이 있다. 하지만 주변에서 심하게 걱정할 정도로 현실을 제대로 인지하지 못한다. 그럴 때 이 사람의 긍정적이고 낙관적인 모습이 반드시 좋은 것만은 아니다.

　겉모습은 낙관적이고 긍정적으로 보이지만 실제 잠재의식에서는 두려움 때문에 현실을 회피하는 경우도 있다. 현실을 파악하고 냉철하게 직시하지 못하면 어떻게 되겠는가? 지나치게 긍정적인 모습은 오히려 부정적이고 비생산적인 결과를 낼 뿐만 아니라, 심각한 문제를 야기할 수도 있다.

　반대로 부정적인 것에 집중하는 것처럼 보이는 사람도 꼭 잘못된 것만은 아니다. 사람에게 나타나는 부정적인 생각이나 감정은 위험한 상황에서 주의를 기울이도록 하는 좋은 신호가 될 수 있다. 두려움이나 공포는 어떤 사건이 벌어지거나 위험한 상황에서 위험 요인에 더 집중하게 만든다. 그래서 대비하고 관리할 수 있게 도와준다. 부정적인 사고가 오히려 긍정적이고 생산적인 결과를 낳는 경우다.

　모든 상황을 항상 부정적으로 보는 후배가 있었다. "너는 왜 그렇게 매사를 부정적으로 보니?"라고 질타할 정도였다. 실상을 알고 보니, 나의 잘못된 판단이었다. 그 후배는 어떤 문제가 발생할지 미리 예상하는 데 탁월한 강점을 가졌다. 내가 제대로 알지 못했을 뿐이다.

　후배는 다른 사람보다 앞으로 발생 가능한 문제점들을 명확하게 인식하고, 그 문제가 어떤 부정적인 결과를 가져올지, 또 그것을 막기 위해서 무엇을 해야 할지도 정확하고 빠르게 판단했다. 그는 실제로 문제를 미리 파악하고 대처하는 데 뛰어난 '리스크 관리'의 달인이었다.

　그 후배는 단지 위기를 예상할 수 없거나 알지 못하는 사람들에게 부정적인 사람으로 비칠 뿐이었다. 누가 그를 그저 부정적인 사람이라고 비판할 수 있겠는가? 이 일을 경험하면서 나는 내 안에 사람을 보는 잣대를 바꿔야 한다는 사실을 뼈저리게 깨달았다.

겉으로 보았을 때 긍정적인지, 부정적인지는 중요하지 않다. 그보다 있는 그대로 바라볼 때, 그 사람의 진짜 보석인 '강점'이 보이기 시작한다.

 정철민 코치의 *One Point Coaching*

긍정적이든, 부정적이든, 있는 그대로 상황과 사람을 바라보세요.
그러면 현실을 정확하게 직시하게 됩니다. 또 그 사람만의 강점이 보입니다.
지금까지 보이지 않던 새로운 사람이 보입니다.

눈치 백 단 K가
영업의 달인이 된
비결

"센스가 장난이 아니네요."

"예. 좋게 봐주시니 감사합니다."

K는 보이지 않는 더듬이로 미묘한 감정 변화를 알아차리는 사람이다. 상대방의 마음을 읽고 배려하는 데 그 누구보다 빼어나다. '이런 게 필요한데……'라고 생각하는 순간, 슬며시 그걸 내미는 사람이 바로 K다. 다른 사람의 감정 변화를 빠르게 알아채고 마치 무엇이 필요한지 이미 다 아는 것처럼 배려하니 감동할 수밖에 없다. 항상 입이 떡하고 벌어질 정도로 놀랄 뿐이다.

눈치 없고 둔감한 나 같은 사람에 비하면 눈치가 삼백 단쯤 된다고 해야 할까? 감정이 무디다는 소리를 많이 듣는 나에게는 존경의 대상이다.

사람에 따라 자연스럽게 반복적으로 느끼고, 생각하고, 행동하는 나만의 패턴이 있다. 이는 자신도 모르게 자연스럽게 일어나는 일이다. 자기만의 패턴에 따라 각자 무엇인가 잘 할 수 있는 것이 생기는데, 이 것이 바로 '재능'(Talent)이다. 이런 재능은 학원에서 배운다고 배울 수 있는 것이 아니다. 타고나는 것이다.

K처럼 다른 사람의 감정을 읽고 반응하는 데 타고난 사람들이 있다. 이들은 공감 능력이 뛰어나다. 감정의 소통을 막는 마음에 방파제가 없거나 아주 낮은 편이다. 그래서 주변 사람들과 환경이 발산하는 미묘한 감정의 에너지를 막힘 없이 그대로 수용하고 알아차린다.

함께 있는 누군가가 슬퍼하면 그 슬픈 감정을 고스란히 느끼며 함께 슬퍼한다. 기뻐하면 함께 기뻐한다. 어찌 보면 당사자보다 더 느낄 정도다. 다른 사람의 감정을 쉽게 알아채고, 자신도 모르게 세심하게 반응하다 보니 "센스가 있다", "눈치가 빠르다", "공감 능력이 뛰어나다" 라는 말을 자주 듣는다.

물론 눈치 없는 사람에게도 자신만의 다른 재능이 분명 있다. 그러니 센스 없는 자신을 탓할 게 아니라 자신만의 재능을 잘 찾아내는 것이 중요하다.

여기서 잠깐! 재능만 믿었다가는 큰코다친다. 타고난 재능이 고스란히 자신만의 강점이 되는 것은 아니다. 여기에도 성장의 과정이 필요하다.

타고난 '눈치'와 '센스'라는 재능을 가지고 특정 분야에서 탁월한 성과를 내려면 어떻게 해야 할까? 단순히 재능을 뽐낸다고 자동으로 무언가 이뤄지진 않는다. 강점이 발휘되도록 해야 한다.

눈치 빠르고 센스 만점인 K가 가진 뛰어난 '공감력'은 타고난 재능이다. 타고난 재능에 후천적으로 습득된 '지식', '스킬', '경험'이 더해져야 탁월한 성과로 이어질 수 있다. 이것이 어떤 분야에서 지속해서 생산적이고 긍정적인 결과를 만들어 낼 때, 우리는 '강점(Strengths)을 발휘하고 있다'고 말한다.

타고난 재능 × 후천적 노력과 시간 투자(지식 + 스킬 + 경험) = **강점**

K는 영업 분야에서 타고난 재능을 살려 '영업의 달인'이 되었다. 고객을 만날 때면 고객의 미묘한 감정 변화까지도 알아차린다. 굳이 말하지 않아도 고객의 마음속에 들어갔다 나온 것처럼 고객이 무엇을 원하는지 속 깊이 파악한다.

심지어 고객 자신조차 어떤 필요가 있는지 제대로 알지 못할 때도 고객의 필요를 정확히 알아채고 맞춰 제안한다. 이는 자신의 재능에 전문적인 지식과 대인관계 스킬, 그 동안의 경험을 활용하였기에 가능한 일이다. 고객은 감동할 수밖에 없다.

K처럼 타고난 재능에 지식, 스킬, 경험이라는 후천적인 노력이 더해진다면 누구라도 특정한 분야에서 나만의 강점을 강력하게 발휘하고 그에 따른 성과까지 얻을 수 있다. 이것이 눈치 백 단 K가 영업의 달인이 된 비결이다.

정철민 코치의 *One Point Coaching*

누구나 재능이 있습니다. 자연스럽게 나타나는 생각, 감정, 행동의 패턴을 통해 당신이 잘할 수 있는 것은 무엇인가요? 그것에 어떻게 지식, 스킬, 경험을 더해 나 자신을 개발할 수 있을까요?

나는 언제,
무엇에 빠져드나?
몰입의 순간 데이터 모으기

한자어 몰입(沒入)을 살펴보자. 沒 빠질 몰, 入 들 입. 몰입할 때는 나
도 모르게 빠져든다. 빠져들며 행복감을 느낀다. 초집중이 일어난다. 의
식하지 않았는데 평소보다 몇 배의 성과를 내기도 한다. 이것이 바로
몰입이다. 당신은 어떤 순간, 무엇을 할 때 빠져드는가?

사람마다 몰입의 대상과 순간은 다르다. 직장인들에게 인기 많은
유튜버 '신사임당' 주언규 씨의 인터뷰 기사를 본 적이 있다. 그는 언
제, 무엇을 할 때 자신이 몰입하는지를 잘 알고 활용한다. 몰입의 순간
을 통해 최고의 컨디션을 유지하고 효과적으로 일하는 것이 그만의 비
법이다. 그의 몰입 시간은 아침 시간이다. 말끔한 정신으로 2-3시간 정

도 몰입하며 하루 계획을 점검하고 일의 방향을 결정하는 것이 그의 루틴이다.

자신도 모르게 몰입하고 에너지를 얻는 순간이 있다. 왜 그 순간에 몰입과 에너지를 느끼는지 물으면 많은 사람이 이유는 잘 모르지만 즐겁고, 만족스럽고, 다시 하고 싶은 마음이 든다고 한다. 나도 모르게 에너지를 느낀다고 한다. 몰입의 순간에는 빠른 학습이 이루어지고, 짧은 시간에도 뛰어난 기량을 발휘한다. 자연스럽게 긍정적이고 생산적인 결과를 내는 이런 '몰입의 순간'이 바로 '강점의 순간'이다.

어떤 순간에 몰입하는지는 사람마다 다르게 나타난다. 나의 '몰입의 순간'을 파악하면, 어떻게 강점을 잘 발휘하고 이를 결실로 이어지게 할지 알 수 있다. 나다움을 발견하는 단서를 찾게 된다.

한 공기업에서 워크숍을 진행할 때였다. "직장 생활에서 언제 몰입하고 에너지를 얻습니까?" 직원들에게 물었다. 맨 앞에 앉아 있던 8대 2 가르마를 한 총무 팀장의 대답이 인상적이었다.

"저는 회사 사규를 만들 때 가장 몰입되고 에너지를 얻습니다."

매사 각이 잡힌 듯 보이는 총무 팀장은 강점 조사 결과, 규칙을 수립하는 데 익숙한 유형이었다. 그 때문인지 그는 '내가 만든 사규가 회사의 기준이 되고, 모든 임직원이 그것을 따른다'는 사실을 생각할 때, 기쁨을 느끼고 에너지와 몰입감을 얻는다고 했다. 실은 나 같은 사람은 규칙을 만들고 지키는 일에 큰 스트레스를 받는다. 그 때문에 규칙을 만드는 일에 몰입하고 에너지를 얻는다는 사람을 볼 때마다 경외감을 느낀다. 이렇게 몰입의 분야는 사람마다 전혀 다를 수 있다.

그렇다면 몰입과 에너지가 생기는 '강점의 순간'을 어떻게 찾고 활용할 수 있을까? 사실 강점의 순간은 순식간에 나타났다가 사라지기 일쑤다. 정신을 차리지 않으면 인식하기 어렵다. 그렇기에 약간의 노력이 필요하다. 강점의 순간을 찾기 위해 내가 개발한 방법을 소개하고자 한다.

우선, 주머니 안에 쏙 들어가는 작은 수첩과 볼펜을 준비한다. 수첩과 볼펜이 불편하다면 휴대전화 메모장을 사용해도 좋다. 그리고 몰입하는 순간이 나타날 때마다 적는다. 언제, 어떤 상황에서 무엇을 할 때, 몰입하고 에너지가 충전되고 힘이 나는지, 그런 순간이 올 때마다 잠시 멈추고 그 상황을 메모한다.

이렇게 2-3주 정도 꾸준히 적어 본다. 강점이 발휘되는 순간에 대한 나만의 빅데이터가 생긴 셈이다. 모아 놓은 데이터를 정리 분석해 보면, 나의 일상 중에 어떤 상황에서 내가 자연스럽게 반복해서 몰입하고 에너지를 얻는지 파악할 수 있다.

누구와 있을 때 나의 강점이 발휘되는가. 혼자 있을 때? 또는 다른 사람과 있을 때? 언제가 더 편안한가. 어떤 시간대에, 어느 장소에서 나의 강점이 더 잘 발휘되는가. 나도 모르게 에너지가 솟았던 때가 있는

가. 어떤 생각을 할 때, 또는 어떤 행동을 할 때 더 몰입하고 나의 탁월함이 발휘되는가.

이런 질문을 하며 분석하다 보면, 나만의 다양한 강점의 순간이 보인다. 메모 안에 그동안 나도 몰랐던 내가 있다. '내가 이런 사람이었다니' 하면서 놀라는 경우도 있다.

내 경우 강점의 순간은 이렇다. 내 이야기에 수긍하면서 주의 깊게 경청하는 사람 앞에서 말할 때 가장 잘 몰입한다. 이때 내용도 잘 정리되고, 정리된 내용의 수준도 높아진다. 여러 가지 생각이 파편처럼 흩어져서 정리가 잘 안 되다가 정리할 때가 되었다는 생각이 들면 바로 그 사람들을 찾는다. 전화하거나 직접 만나서 그동안 층층이 쌓였던 재료를 풀어놓는다. 그러면서 생각을 정리한다. 나는 이렇게 몰입과 에너지가 생기는 강점의 순간을 경험한다.

사실 강점의 순간은 다양하게 나타난다. 수집하듯 강점의 순간들을 모아서 내 삶에 잘 배치해야 한다. 일상에서 강점의 순간을 많이 느끼고 경험할수록 인간관계가 좋아질 가능성이 높다. 성과를 낼 가능성도 커진다. 에너지가 충전되고 행복감을 느낄 기회도 많아진다. 몰입하면 일하는 즐거움이 생긴다.

이제 제대로 알게 된 나의 강점의 순간들을 스케줄 표에 넣어 보자. 일간, 주간, 또는 월간 계획표 안에 의도적으로 넣어 강점의 순간을 더 많이 경험하도록 하자. 삶에서 몰입과 에너지를 얻는 순간이 늘어나면 집중력 있게 살 수 있다. 강점의 순간들을 모아서 나만의 루틴으로 만드는 것도 아주 효과적인 방법이다.

강점의 순간을 수집하는 접근 방식을 반대로도 적용해 볼 수도 있다. 이번에는 자신의 약점의 순간을 모아 보는 것이다. 자신이 유난히 몰입하지 못하고, 기운 빠진 순간을 수첩이나 메모장에 적어 본다.

약점의 순간에 대한 데이터를 모아 보면 내 삶에서 누구와 있을 때, 무엇을 할 때, 어떻게, 무엇 때문에 힘이 빠지는지 알 수 있다. 약점의 순간에 대한 패턴을 파악하고 통찰하고 나면, 미리 약점의 순간을 예상하고 그 순간을 관리할 수 있어 유익하다.

약점의 순간을 파악하면서 무엇보다도 좋았던 점은 내게 에너지를 빼앗아 가는 사람, 내가 가능한한 피해야 할 사람이 누구인지가 명확해졌다는 점이다.

점점 나다운 것과 나답지 않은 기준들이 분명해지고 있다.

당신이 몰입하고 에너지를 얻는 강점의 순간은 언제인가요?
에너지가 빠지는 약점의 순간은 언제인가요?
강점의 순간과 약점의 순간에 대한 데이터를 모아 보세요.

이판사판의 시대,
나다움
찾기

"좋은 대학 나오면, 네 맘대로 살 수 있어."

부모님이 하는 말을 그저 믿었다.

"대기업에 들어가면, 인생 창창하게 펼쳐지는 거야."

남들이 다 좋다고 하니 정말 그런가 보다 했다.

어느 정도 나이를 먹은 지금, 인생을 돌아보니 뭔가 이상하다는 생각을 지울 수 없다. 지금까지 별 생각 없이 앞만 보고 잘 살았는데, 갑자기 막막한 기분이 든다.

원하는 목표를 갖고 자신의 의지대로 산 시간이 많지 않은 사람들. 이들은 자신의 의지와 경험으로 체득한 것이 많지 않다 보니 내가 무엇을 잘 하는지, 무엇을 잘 할 수 있는지 제대로 알지 못한다. "당신에게는 당신만의 강점이 있어요"라고 말해 줘도, 그게 정말 자신의 강점인지, 그 강점으로 무얼 할 수 있는지 쉽게 받아들이지 못하는 경우도 종종 있다.

"다른 직원들처럼 영업을 잘하는 것도 아니고, 제안서를 잘 쓰는 것도 아니고……. 딱히 내세울 게 없는데요." 여느 직장인들과 별반 다르지 않은 P대리. 강점 조사를 하고서도 자신은 잘하는 게 없다고만 말하는 그였다. 하지만 좀 더 대화하며 코칭해 보니 차분히 자기다운 강점을 드러내고 있는 사람이었다.

그는 남들이 쉽게 하지 못하는 일을 신기하게 잘 버티고 해냈다. 남들이 귀찮아하는 일, 세심히 챙겨야 하는 일, 단순하고 반복해서 해야 하는 일. 소위 말하는 때깔 안 나는 일이었다.

어디서부터 무엇을 해야 할지 몰라서 다른 사람들이 두 손 두 발 다들 때, P대리는 조용히 그 일에 몰두했다. 엉덩이와 의자가 붙었나 싶을 정도로 하루 종일 움직이지 않고 몰입했다.

"시간이 많이 걸리고 어려운 일인데, 수고가 많았네요."

일에 몰입하고 나서 듣는 이 말 한마디에 P대리는 힘이 솟고 에너지가 충전됐다. 자신도 모르게 최고의 성취 순간을 경험했다. 사실 단순히 칭찬 때문에 몰입하고 힘이 난 것은 아니었다. 무엇보다 내가 좋아서 한 일이다. 다만 인정해 주는 말 한마디는 자신의 일에 마침표를 찍는 것과 같았다. 그뿐이었다.

"처음에는 제가 뭘 잘하는 줄 전혀 몰랐어요. 오히려 남들이 잘하는 것을 저는 제대로 해내지 못해 미안한 마음이 들었죠. 자신감도 없었어요. 그래도 회사에 도움이 되고 싶고, 다른 직원들에게 도움이 될 일이 무엇일까 생각했어요. 남들이 '이건 내 일이 아니다' 하는 게 있더라고요. 고객의 서비스 사용 현황을 파악하고, 요금을 정산하는 일이었어요. 시스템이 체계적이지 않아서 일은 정신없이 돌아가고 누군가는 해야 했지요. 이게 제가 해볼 수 있는 일이라 생각했죠." P대리는 담담하게 그때 일을 이야기했다.

'조금씩 규칙을 만들고 체계를 잡아가는 것'이 P대리의 강점이었다. P대리가 의도적으로 자신의 강점을 개발하려고 했던 것은 아니었다. 회사를 바꾸겠다는 원대한 꿈을 품었던 것도 아니었다. 그저 다른 사람에게 도움이 되는 일을 찾아보자고 한 것이 자신도 모르게 강점을 발휘하고 업무에 몰입하는 기회가 되었다. 남들이 귀찮아하고 피하는 그 일에 자신도 모르게 매달렸다. 아니, 꾸준히 버텼다. 이 '꾸준히 버티기'도 실은 P대리의 강점이었다. 이제 동료들이 "P대리가 없으면 일이 돌아가지 않는다"고 말할 정도가 되었다.

강점은 하루아침에 '짜잔'하고 드러나지 않는다. 강점을 계발한다고 하여 인생 스타가 되는 것도 아니다. 자신이 잘하는 것과 좋아하는 것을 찾아서 하다 보면 세상이 필요로 하는 지점과 만난다. P대리는 자신의 영역에서 그것을 발견했을 뿐이다.

다른 사람들이 정해 주는 인생을 살다 보면 자신의 강점이 무엇인지, 그것으로 무엇을 할 수 있는지 제대로 알 수 없다. 그럴 때에는 작은 것에 집중하고 시도해 보자. 무엇인가 관심을 가지고 집중하다 보면 자신 안에 감춰져 있던 것이 조금씩 모습을 드러낸다. 나도 모르게 자연스럽게 드러나는 강점을 발견할 수 있다.

P대리는 세상의 기준에 따라, 세상이 하라는 대로, 남들과 같은 방식으로 살았다. 하지만 이제는 다르다. 자신이 결정한 일에 집중하고 자신의 강점으로 무엇을 할 수 있을지 생각한다. 어떻게 다른 사람들을 도울 수 있을지 고민한다.

P대리만의 독특함, 남다름, 자기다움이 드러나고 있다. 이판사판의 세상이지만, 차분히 내 안에 있는 나다운 강점을 발견할 때, 새로운 나로 나답게 살 수 있는 가능성은 커진다.

정철민 코치의 *One Point Coaching*

당신이 지금 하는 일에서 강점을 발휘할 수 있는 일을 찾아보세요.
자신이 좋아하고, 잘하고, 세상이 필요로 하는 일을 찾아보세요.
그 일을 찾는 데 시간이 걸린다는 것도 이해하세요.

객관적인 눈으로
나를 새롭게
발견하는 법

공상 과학 영화를 보면, 사람을 머리부터 발끝까지 스캔해서 그 사람에 대한 정보를 단번에 파악하는 장면이 나온다. 사람의 강점도 그런 식으로 파악할 수 있을까? 영화에 나온 장면이 현실이 되는 세상이다. 한번 스캔으로 단번에 사람의 강점을 파악하지 말라는 법도 없다. 언젠가는 가능할 날이 오길 기대해 본다.

자신의 강점을 알 수 있는 방법은 다양하다. 가장 접근하기 쉬운 방법은 자신이 무엇을 잘하는지, 어떤 순간에 강점이 나타나는지를 스스로 죽 적어 보는 것이다. 자신만의 성찰의 시간을 갖는 과정이다.

일상에서 나는 무엇을 잘하고, 무엇을 강하게 느끼는지, 어느 때에 가장 나다운지, 나에게 에너지가 생기는 시간은 언제인지 스캔하듯 찾아본다. 이런 성찰의 순간을 통해 자신을 새롭게 발견할 수 있는 기회를 얻는다. 물론 중이 제 머리를 못 깎듯이 혼자서 잘 안 되는 것이 '성찰'이다. 특히 어떤 사람들에게는 더 쉽지 않다.

강점 검사를 해보는 방법도 있다. 미국 갤럽 사의 클리프튼 강점 검사(Clifton Strengths)를 포함하여 여러 회사의 강점 검사가 존재한다. 다양한 종류의 강점 검사 중에서 신뢰도가 높고, 자신에게 맞는 검사를 찾아서 해보기를 권한다. 그 결과를 통해 자신이 어떤 강점을 가지고 있는지, 나의 특성이 언제 어떻게 나타나는지에 대해 적절한 통찰을 얻을 수 있다.

과학적이고 체계적인 방법은 아니지만, 비교적 신뢰성이 높게 자신의 강점을 파악할 수 있는 또 다른 방법도 있다. 바로 나 아닌 다른 사람을 통해 아는 것이다. 자신의 강점에 대해서는 이상하게도 다른 사람이 더 잘 아는 경우가 많다. 나에게 자연스럽게 나타나는 생각, 감정, 행동의 패턴과 그 결과를 정작 자신은 잘 모른다. 오히려 자신을 아는 주변 사람들이 더 잘 알 수 있다. 이들에게 정중하게 물어보는 것은 강점을 발견하는 훌륭한 접근 방법이다.

주변 사람 중에 당신을 잘 알만한 지인 열 명 정도를 떠올려 보자. 부모님, 친구, 선생님, 선배, 후배, 직장 상사나 동료 등 당신을 겪어 본 사람들이다. 그들에게 SNS 메신저나 이메일로 메시지를 보낸다. 그들이 생각하는 당신의 강점이 무엇인지, 어떤 순간에 어떻게 당신의 강점이 나타났는지를 3개 정도 적어 달라고 요청한다.

비록 짧은 내용이지만, 가능한한 정중하게 도움을 청한다. 부탁할 때는 그들이 생각하는 당신의 강점이 당신에게는 매우 중요하고 성장의 밑거름이 될 일임을 알리고 감사의 마음도 전한다. 그들은 이런 요청에 적극적으로 도움을 줄 것이다.

물론 이런 요청을 받는 사람들 중 몇몇은 당신의 요청에 응답하지 않을 수도 있다. 보통 열 명 중 다섯 명은 응답하지 않는다. 마음 상하지 말라. 다들 사정이 있다. 긍정적으로 보면, 다섯 사람 정도는 신중하게 생각해서 정성껏 응답해 준 것이다.

자신이 생각한 당신의 강점이라며 정성을 다해 보내 준 내용을 모아본다. 그러면 당신의 강점이 대략적으로 보일 것이다. 물론 각 사람에 따라 언어 표현이 조금씩 다를 수 있다. 하지만 의미나 맥락의 측면에서 보면 비슷한 점이 많이 나타난다. 다른 사람의 시선에서 당신의 자연스럽고 반복적인 패턴이 어떻게 좋은 결과로 나타나는지를 모아보는 소중한 기회가 된다.

신기하게도, 당신을 잘 아는 주변 지인들이 보는 당신의 강점과 강점 검사를 통해 나타나는 결과는 매우 유사하다. 또 성찰의 시간을 통해 적어 둔 당신의 강점과 비교해도 비슷한 내용을 찾아볼 수 있다. 물론 언어적인 표현이 조금씩 다를 수 있지만, 단어나 문장의 의미를 고려해 보면 비슷한 맥락을 발견한다.

접근 방법에 따라, 공통점과 차이점이 있다는 사실도 알게 된다. 이런 차이가 왜 생기는지 아는 것도 나를 이해하는 좋은 기회다. 나에 대한 인식이 넓어지고 깊어지는 통찰의 계기가 된다. 이 세 가지 방법을 모두 시도해 보기를 추천한다.

필요하다면 경험이 많은 코치에게 도움을 받는 것도 유익하다. 코치와 함께 더 깊게 자신의 강점을 파악하고, 그것을 자신이 직면하고 있는 상황에서 어떻게 현실적으로 적용할 수 있는지를 찾아본다.

모든 방법이 당신의 성장을 위한 좋은 기회가 될 것이다.

정철민 코치의 *One Point Coaching*

SNS 메신저나 이메일로, 당신이 신뢰할 수 있는 지인 10명에게 당신의 강점을 3개 정도 적어 달라고 요청해 보세요. 그들이 생각하는 당신의 강점이 무엇이고, 어떤 순간에 어떻게 나타났는지를 알려 달라고 정중하게 요청해 보세요.

CHAPTER 4

나를 인정하고
받아들이기가 어렵다고요?

겸손이
아니라
교만입니다

'바로 그때가 내 재능과 강점이 드러난 순간이었구나!'

'맞아, 그때 정말 시간 가는 줄도 모르고 몰입했지.'

'나도 모르게 최고의 성취 순간을 맛보았구나.'

'맞아, 그때 진짜 나다움을 느꼈어.'

나의 강점을 발견하다 보면 감탄의 순간을 자주 경험한다. 내게 어떻게 그런 자연스럽고 반복적인 패턴이 나타나는지를 이해하고 깨닫는 순간이다. 나를 새롭게 발견하고, 나에 대해 다시 인식하고, 더 깊게 성찰하며 성장하는 발판이 되기도 한다. 하지만 자신 안의 강점의 가치를 있는 그대로 받아들이지 못하는 사람들도 있다. 스스로 강점의 진가를 인정하지 못하면 그 자체가 성장을 가로막는 내부의 커다란 방해 요인이 된다.

"당신에게 이런 강점의 좋은 면이 나타나고 있어요."

"다른 사람에게는 볼 수 없는 차별적인 강점입니다."

"이런 점이 당신의 탁월함을 드러내네요."

"어떻게 그런 것을 그렇게 자연스럽고 쉽게 하세요!"

코치로서 나는 내가 관찰한 강점을 확실하게 이야기해 준다. 하지만 한편으로는 조심스럽게 말한다. 자신의 강점에 대해 말하는 것을 불쾌하게 여기는 사람도 있기 때문이다. 이들은 아직 신뢰할 수 없는 누군가가 자신의 강점이나 성향을 콕 집어 이야기하는 것을 받아들이기 어려워한다. 강점을 인정받고 칭찬받는 것을 불편해하고 심지어 거부감을 가지기도 한다.

더구나 많은 사람이 자신의 강점을 인정하는 것에 대해 '교만하게 비칠 수 있다'고 걱정한다. 특히 우리 사회가 '자신을 드러내는 것은 교만하다'는 암묵적 인식을 가지다 보니 암암리에 영향을 받은 듯하다.

있는 것을 두고 '없다'고 하면 문제가 된다. 있는 것을 지나치게 확대하거나 과장해도 문제가 될 수 있다. 하지만 있는 것을 있는 그대로 말하거나 인정하고 칭찬하는 것은 교만이 아니다. 오히려 솔직하고 정직한 일이다. 과도하게 부인하거나 인정하려 들지 않는 것이 오히려 교만한 것일 수 있다.

"저요? 아닌데요. 저는 아닙니다", "뭐 다 그런 것 아니겠어요", "다른 사람들도 다 그렇지 않나요?"

처음에는 겸손인 줄 알았다. 하지만 겸손이 아니었다. 자기 인식이 낮아서 자신을 부정하는 자동 반응이 강하게 표출된 것이다. 나도 모르게 나에 대해 부정적으로 인식하는 쪽으로 프로그래밍이 되었다고 생각해 보자. '내가? 내가 그렇다고? 아닐 거야. 아니야.' 내게 자연스럽게 나타나는 패턴과 성향에 대한 이야기를 듣는 데도 일단 부정부터 하고 본다.

쉽사리 자신의 강점을 받아들이지 못하는 또 다른 이유도 있다. 강점을 너무나 당연하게 생각하는 것이다. 물고기가 물에 사는 것이 당연한데, 그게 무슨 강점이냐고 한다. 물론 맞는 말이다. 하지만 나에게 당연한 것이 다른 사람에게는 당연한 것이 아닐 수 있다.

거북이가 바다에서 헤엄치는 것은 토끼에게는 엄청나게 놀라운 일이다. 하지만 거북이에게는 너무나 당연한 일이기에 별것 아니라고 생각할 수 있다. 강점은 그런 것이다. 나에게는 너무 자연스러워 잘 인식되지 않지만, 그것을 보는 다른 사람의 눈에는 독특한 강점으로 보인다.

자신의 강점을 인정하면, 마치 자신이 사기꾼이 될 것 같다고 이야기하는 사람도 보았다. 이런 사람들이 꽤 있다. '가면 증후군'이다. 이들은 '겉모습'이라는 가면을 쓰고 현재 삶을 살고 있다. 다른 사람들이 자신의 진짜 본모습을 알까 봐 두려워한다. 특히 자신의 성공의 이면에 숨겨진 진짜 모습을 알면 사람들이 사기꾼으로 여길 수 있다고 생각한다. 그래서 자신의 강점을 인정하고 수용하기를 한사코 사양한다. 있는 그대로의 자신을 받아들이지 못하기 때문에 자기답게 살지 못한다.

작은 것이라도, 자신의 자동적인 패턴이 긍정적이고 생산적인 결과로 이어진 때가 있었는지 떠올려 보자. 나를 잘 아는 주변 사람들과 함께 이야기하면서 확인해 보자. 그러면 서서히 자기 인식이 생기고 안정감 속에서 자신의 진정한 가치를 인정하게 된다.

"제가요? 그렇게 봐주시니 정말 감사합니다. 좋게 봐주시니 힘이 납니다. 저도 제 안에 있는 보석이 더 빛날 수 있도록 노력하겠습니다."

자신 안에 있는 보석의 진정한 가치를 있는 그대로 겸손하게 인정하고 수용할 때, 내면의 장애물을 훌쩍 뛰어넘고 새로운 나로 나답게 성장할 수 있다.

정철민 코치의 *One Point Coaching*

다른 사람이 당신의 강점을 인정하거나 칭찬한다면, 있는 그대로 받아들이세요.
긍정적이고 밝은 부분을 받아들이세요. 말해 준 그 사람에게 "감사하다"고 이야기
해 주세요. 그것은 교만이 아니라 겸손입니다.
다른 사람들이 말하는 당신의 강점 중에서 쉽게 받아들이기 어려운 부분은 무엇인
가요?

카톡
말고
셀프톡

친구에게 전화를 걸었는데 받지 않는다. 몇 차례 더 했는데도 아무런 응답이 없다. 지난번 친구가 했던 말 한마디가 마음에 걸린다. '혹시 그것 때문에 나를 피하는 게 아닐까?'

생각이 여기에 이르자 상황과 사건을 내 마음대로 짜 맞추기 시작한다. '그래, 그 일 때문에 나를 피하고 전화를 받지 않는 거야. 네가 그렇게 나온다면 좋아. 이제는 너와 멀어질 수밖에 없어.'

머릿속에 부정적인 '셀프톡'(Self-talk 자기 대화)이 만들어지기 시작한다. 머릿속에서 사건과 상황을 부정적으로 해석하고 판단하기 시작하자 따라오는 부정적인 감정을 떨칠 수가 없다. 혼자 생각하고 판단하여 친구와의 만남을 피하고, 결국 관계가 어색해지고 만다. 이런 식으로 관계가 멀어진 적이 한두 번이 아니다.

만약 그때 사건과 상황을 전혀 다르게 해석했다면 어땠을까?

'그래 지금 친구가 바쁜 일이 있나 보네. 나중에 통화해서 어떤 일이 있었는지 알아봐야겠다.'

'혹시 어디 아프거나 힘든 일이 생긴 것은 아닐까? 시간이 될 때, 좋은 곳에 가서 맛있는 걸 먹으면서 이야기해 봐야지.'

내가 과장하여 해석하거나 오해한 것일 수도 있다. 긍정적이고 생산적인 방향으로 생각하고 행동했다면 결과가 달라졌을 수 있다. 하지만 매번 나도 모르게 자동으로 마음속 부정적인 시스템이 먼저 작동한다. 시간이 훌쩍 지난 뒤에 그때 일을 생각하면 후회가 밀려온다. 얼마나 미숙했던가.

왜 나도 모르게 부정적인 생각에 집중하게 되는 것일까?

이는 나 자신에게 사건과 상황을 설명하는 머릿속의 '셀프톡'이 부정적으로 작동하기 때문이다. 이것은 우리 마음속에 '부정적인 자동시스템'이 작동하기 시작해서 악순환을 만드는 신호다. 부정적인 자동시스템이 강화되면 어떤 사건이나 상황을 마주할 때 자기도 모르게 부정적인 감정을 느끼고, 부정적으로 생각하고, 부정적으로 행동하게 된다.

우리 안에 작동하는 '부정적인 자동 시스템'은 나를 '최고의 모습'으로 살지 못하게 하는 주범이다. 내 인생을 오해하게 만들고, 내가 무엇을 가졌는지, 내가 누구인지 인식하지 못하게 만든다. 자신을 오해하다 보니 엉뚱한 쪽에 집중하게 한다. 방향을 잃고, 혼란에 빠진다. 나를 인정하지 못하게 하고, 사랑하지 못하게 만드는 원흉이다. 부정적 생각과 감정의 늪에 한번 빠지면 나다운 빛나는 모습으로 살 기회도 잡기 어렵다.

처음에는 나를 보호하기 위해 부정적인 생각과 감정을 갑옷처럼 내 몸에 둘렀는지도 모르겠다. 하지만 이 갑옷은 결국에 진짜 내 모습이 나타날 수 없게 만든다. 부정적인 생각과 감정을 갑옷으로 두른 채 살다 보니 도리어 그것이 내가 되어버린다.

이제 선택해야 한다. 두껍게 겹겹이 싸매고 있는 이 부정적인 갑옷을 벗을지 아니면 계속 입고 있을지.

정철민 코치의 *One Point Coaching*

자신 안에 '부정적인 자동 시스템'을 만드는 셀프톡이 언제 일어나나요? 먼저, 자기 안에서 부정적인 셀프톡이 어떻게 일어나는지를 인식하세요. 부정적인 셀프톡이 일어날 때, 긍정적인 대안들을 떠올려 보세요. 그리고 선택하세요.

부정적인
생각과 감정의
갑옷을 벗는 법

고등학교 시절 일기를 썼다. 자기 성찰을 위해서 일기가 도움이 된다는 말을 듣고 시작했다. 늦은 밤 하루를 돌아보며 쓰는 일기는 나를 아는 데 도움이 됐다. 일기를 쓰면서 내일은 오늘보다 더 나은 하루가 되기를 매번 다짐하곤 했다. 그런데 언젠가부터 일기를 쓸 때마다 마음이 불편해지기 시작했다. 내용이 비슷비슷해지면서 생긴 일이었다. 매번 새로운 내가 찌질한 모습이 되어 나타났다.

못마땅한 내 모습을 극복해 보고자 다짐하고 또 다짐했다. 마음을 먹고 의지를 다졌다. 새롭게 해보고자 했지만, 못난 모습은 사라지지 않았다. 오히려 더 부정적으로 변했다. '나는 안 되는구나……' 못마땅하다 못해 답 없는 내 모습에 지쳐갔다. 그러곤 일기 쓰기를 멈췄다.

지금 생각해 보면 피식 웃음이 난다. 아직 철이 들지 않은 고등학생이 자신의 부족한 모습을 보고 좌절하는 것은 어찌 보면 당연한 성장 과정이다. 누가 좋은 길로 이끌어 주면 좋았겠지만, 인간은 부족함을 경험하는 과정에서 겸손해지고 성장한다.

'나는 왜 이리 찌질할까?'

이렇게 마음에 부정적인 질문을 던질 때마다 잠재의식은 부정적인 내 모습을 보여준다. 주인의 허락 없이 무의식이 자동으로 작동한다. 의식적으로 '부정적인 모습'에서 벗어나려고 새롭게 마음을 먹을 때마다 무의식은 자동으로 '부정적인 모습'을 떠올리게 하면서 더 강력하게 저항한다.

'부정적인 자동 시스템'은 어떻게 작동할까? 어떤 상황이나 사건을 경험할 때마다 자신도 모르게 부정적인 질문을 함으로써 작동하기 시작한다. 질문에 답을 찾다 보면 내 안에 쌓여 있던 부정적인 기억과 감정이 올라온다. 그 질문에 대한 부정적인 결과를 무의식적으로 확인하고 믿게 된다. 이어서 자동으로 부정적인 셀프톡(Self-talk)이 일어나고, 부정적인 반응이 나타난다. 이것이 부정적인 생각과 감정의 자동 시스템이 작동하는 경로다.

겹겹이 껴입은 갑옷같이 부정적인 생각, 감정, 행동의 패턴이 우리를 둘러싸고 있다. 다양한 상황과 사건을 경험하면서 자연스럽게 나타나는 부정적인 생각, 감정, 행동의 패턴이 또다시 그 결과를 반복적으로 만들어낸다. 자신도 모르게 나타나는 이런 모든 일련의 과정을 우리는 '자기 자신'으로 받아들이고 산다. 그래서 나 자신을 못마땅하게 여기고, 인정해 주지 못하고, 사랑해 주지 않는다. 자신을 믿지 못하고 인정할 수 없어서, 다른 사람이 만든 기준, 세상의 기준에 더 신경 쓴다. 다른 사람의 인정과 사랑을 얻는 데 더 집착하며 산다.

나도 부정적인 생각, 감정, 행동 패턴의 악순환에 붙들려 있던 적이 있다. 부정적인 패턴을 바꿀 수 없다고 생각하면서 살았다. 이런 부정적인 자동 습관의 패턴과 부정의 덫에 한번 걸리면 웬만해서는 빠져나오기가 쉽지 않다. 그래도 방법이 없지 않다. 시도해 보자. 지금부터 벗어나는 방법을 이야기하려 한다.

부정적인 생각, 감정, 행동의 패턴이 되어버린 과거의 나에게서 벗어나기 위해서는 그것이 일어난 반대로 하면 된다. 마치 뜨거운 물에 차가운 물을 부어 적당한 온도를 맞추듯 기분이 우울할 때, 기분 좋은 일을 하면 우울한 기분이 중화된다. 슬픈 감정이 위로를 만나면 새로운 감정의 온도를 만든다.

마음에 긍정적인 질문을 던지는 것도 부정적인 생각과 감정에서 빠져나오는 좋은 접근법이다. 시간은 걸리지만, 부정적인 질문이 만들었던 패턴과 반대로 긍정적이고, 힘을 주는 질문을 계속하면 부정적인 모습이 조금씩 변하게 된다. 부정의 덫이 만든 악순환에서 벗어날 기회가 생긴다.

'나는 왜 이렇게 특별하고 멋있을까?' 이런 질문을 내 마음에 떠올려 보자. 자신이 얼마나 가치 있고 소중한 존재인지 알게 될 것이다.

'나는 어떤 강점을 가지고 있고, 그 강점은 언제 빛나지?' 내면을 향해 질문해 보자. 답이 자신 안에 이미 있다는 사실을 먼저 발견하게 될 것이다.

'내가 가진 강점으로 나는 어떤 최고의 성취 순간들을 경험했지?' 나에게 물어보자. 내가 경험한 최고의 순간들을 발견하고 이미 가지고 있는 강점의 진정한 가치를 온전히 받아들이게 될 것이다.

부정적인 감정과 생각을 자기 자신과 동일시하지 않기! 이는 부정적인 생각, 감정, 행동의 패턴이 고착된 과거의 나에게서 벗어나기 위해 거쳐야 할 중요한 과정이다. 부정적인 감정과 생각이 내 안에서 일어나는 것을 인정하지만, 그것이 내가 아니라는 것을 알면 조금씩 놓아 버릴 힘이 생긴다.

예를 들어, 내 안에 '미움'이라는 감정이 생긴다고 하자. '미움'은 내가 아니다. 단지 내가 느끼는 감정일 뿐이다. 그 감정을 인정해 준다. '아, 미움이 왔구나. 그래 알겠어. 네가 왔다는 것을. 하지만 너는 더 이상 내 안에 있을 수 없어. 나는 너를 놓아 버릴 거야. 잘 가.'

이런 식으로 부정적인 감정이나 생각과 조금씩 거리를 두기 시작한다. 그동안 부정적인 생각, 감정, 행동의 패턴이 만든 결과 때문에 생긴 후회와 자책도 함께 놓아 버린다. 온 힘을 써서 부정적인 생각과 감정을 단번에 떨쳐 버리는 것이 아니라 조금씩 인정하고 놓아 버리면서 '부정적인 자동 시스템'의 악순환에서 빠져나오는 연습을 해야 한다. 그러면 이제 진짜 성찰을 할 수 있는 시기를 맞이한다. 자기를 관찰하고, 이해하고, 인식하고, 수용하고, 제어하면서, 부정적인 자동 패턴을 끊어내는 과정을 통해 진짜 성찰이 일어난다.

기억하라. 내 안에 나도 모르게 무의식적으로 '부정적인 자동 시스템'이 작동하고 있다는 사실을. 내 생각과 감정은 내가 아니라는 사실을. 내 생각과 감정의 주인은 바로 나라는 사실을.

 정철민 코치의 *One Point Coaching*

아침마다 거울 앞에 서면 당신이 매일 만나는 그 사람이 있습니다.
그 사람에게 "참 괜찮은 사람이네"라고 씽긋 미소 지으며 인사해 주세요.
그리고 이렇게 말해 보세요.
"나는 왜 이렇게 잘되는 걸까?"
"나는 왜 이렇게 괜찮은 걸까?"
당신의 내면이 그 이유를 찾아서 당신에게 보여 줄 것입니다.

내 마음의
검색창

구글이나 네이버 같은 포털사이트처럼, 사람의 마음에도 검색 엔진과 검색창이 있다.

보통 우리는 궁금한 것이 생기면 인터넷 검색창에 찾고자 하는 내용이나 키워드를 입력하고 질문을 던진다. 이어 검색 엔진이 알고리즘에 따라 연관성이 높은 순서로 검색 결과를 보여 준다. 검색 결과를 클릭하면, 찾고자 하는 내용을 살펴볼 수 있다. 사람들은 그 내용을 참고하거나 이용하여 궁금증을 해소한다.

이런 과정이 사람의 마음의 검색창에서도 동일하게 이루어진다. 사람은 무의식적으로 내 마음의 검색창에 끊임없이 질문을 반복적으로 던진다. 자신이 찾고자 하는 내용이나 키워드를 검색창에 입력하듯이 내 마음의 검색창에 나도 모르게 입력한다.

마음속 검색 엔진은 부정적인 질문을 받으면 정확하게 부정적인 결과를 보여 준다. '나는 왜 이리 잘 안 될까?' 이런 질문을 하면, 무의식에서 '내가 왜 잘 안되는지'에 대한 결과를 보여 준다. 부정적으로 물으니 부정적인 대답이 뜨는 것은 당연하다.

'나는 왜 이리 못났을까?'라는 질문도 마찬가지다. 내 마음속 검색 엔진에 그 질문을 입력하면, 내 무의식에서 '내가 못난 이유'를 줄줄이 보여 준다. 그렇게 나온 결과를 나는 철석같이 믿고 산다. 이런 일이 자신 안에서 자신도 의식하지 못한 채 벌어진다.

잘못된 질문에 대한 검색 결과들을 나도 모르게 끊임없이 클릭하면서, 나 자신과 세상에 대한 내 생각을 확인했다고 생각한다. 그리고 그것을 믿고 산다. 무의식에서 나타나는 결과가 평소 생각과 일치하고, 눈에 보이는 현실도 그와 다르지 않다고 생각하고 의심 없이 믿어 버린다. 답답하게도.

매번 마음속으로 '나는 왜 안 될까'라는 부정적인 질문을 던지는 사람은 그때마다 이런 과정을 통해 결국 '나는 안 되는구나'라고 결론을 낸다. 그리고 스스로 많은 것을 포기한다. 무슨 일이 생길 때마다 항상 부정적인 쪽으로 생각하고, 이런 패턴은 다음번에도 다시 부정적인 영향을 준다.

이제 내 안의 검색 엔진에 어떤 질문을 할 것인가? 지금쯤 당신 스스로 답을 찾았을 것으로 생각한다. 아마 이미 알고 있었을지도 모른다. 단지 확신이 없었을 뿐이다.

'나는 왜 이리 긍정적일까?'

'나는 왜 이리 잘되는 것일까?'

마음의 검색창에 이런 질문이 입력된다면 당신의 마음은 어떤 답을 해줄까?

지금 당장 마음의 검색창에 물어보자.

정널민 코치의 *One Point Coaching*

당신이 마음의 검색창에 주로 넣는 질문을 떠올려 보세요.
어떤 질문을 주로 하고 있나요? 당신에게 에너지와 힘을 주는 질문을 해보세요.

에너지 탱크를
채우는
질문

　　캐나다에서 살 때였다. 자동차를 사려는 친구와 함께 자동차 매장
에 간 적이 있다. D사의 SUV 하이OO. 처음 본 자동차였다. 그 후 일주
일 동안 차를 산 친구와 함께 다니면서 새로운 사실을 알게 됐다. 며칠
전까지는 본 적도 없던 그 자동차가 도로, 주차장 등 가는 곳마다 엄청
나게 자주 눈에 띄었다.

　　세상에나 이렇게 많다니! 분명히 지난주 그 자동차를 처음 봤고, 그
전까지 그 자동차의 존재도, 운행되고 있다는 사실도 전혀 몰랐는데 말
이다. 이런 인식이 나에게는 놀랍고 새로웠다. 새롭게 출시된 차도 아
닐뿐더러 그 차종은 이미 길에 널려 있었다. 내가 알지 못했을 뿐이다.

관심이 없었고, 존재조차 몰랐기에 인식하지 못했을 것이다. 관심을 두고 그 존재를 알고 나자 그 뒤로는 자동으로 눈에 보이기 시작했다. 내 안의 자동 시스템이 작동한 것이다. 이것이 내가 사람의 의식과 무의식에 관심을 두게 된 첫 번째 계기였다.

우리는 자신도 모르게 인식하고, 느끼고, 행동한다. 무의식 상태에서 자동으로 무엇인가가 내 안에서 일어난다. 나도 모르게 '부정적인 자동 시스템'이 작동할 수도, '긍정적인 자동 시스템'이 작동할 수도 있다. 이런 자동 시스템이 우리 안에서 작동한다는 사실을 알면 어떻게 작동시켜야 할지 실마리를 얻을 수 있다.

우리 안의 자동 시스템을 작동시키는 요소 중 하나가 '질문'이다. 어떤 질문을 하느냐가 중요하다. "아, 나는 왜 항상 이 모양 이 꼴일까?" 이런 질문은 우리 안에 있는 '부정적인 자동 시스템'의 작동 버튼을 누르는 것과 같다. 스스로 '못난 내 모습을 찾아내'라는 미션을 준 셈이다.

- 어째서 내 인생은 항상 꼬이는 것일까?
- 어떻게 하면 즐겁고 풍성한 삶을 살 수 있을까?

이 두 질문 사이에 어떤 차이점이 느껴지는가? 스스로에게 두 질문을 할 때 사용하는 정신적 에너지는 비슷할 것이다. 하지만 어떤 질문이 마음과 사고의 범위를 넓히고, 더 큰 긍정적인 에너지를 줄지를 생각하면 그 차이는 분명해 보인다.

우리는 느끼고, 생각하고, 행동하며 수시로 우리 내면을 향해 질문을 던진다. 그리고 그 질문에 자동으로 답을 하고 무의식적으로 그 결과를 믿는다. 또 그 믿음에 따라 자신의 삶을 결정한다. 이런 메커니즘을 알면 어떤 질문을 해야 할지 분명해진다. 아래 질문 중 어떤 질문이 긍정적인 에너지와 힘을 주는지 그 차이를 느껴보자.

- 왜 나에게는 항상 이런 부정적인 일만 생기는 것일까?
- 지금 나에게 닥친 사건과 상황을 통해 나는 무엇을 배울 수 있을까?

- 왜 이렇게 인간관계를 맺는 것이 어려울까?
- 어떻게 하면 타인과 친밀하고 발전적인 관계를 맺을 수 있을까?

- 왜 나는 항상 이렇게 아프고 기운이 없는 것일까?
- 어떻게 하면 건강하고 활기찬 삶을 살 수 있을까?

- 어째서 나는 항상 돈에 쪼들리는 것일까?
- 어떻게 하면 내 삶을 풍요롭게 하는 선택을 할 수 있을까?

평소 어떤 종류의 질문을 하는가? 각 질문이 주는 미묘한 차이를 이해할 수 있는가? 에너지 탱크를 가득 채우는 질문을 하고 있는가? 아니면 그 반대인가?

자신에게 에너지를 주는 질문은 새로운 가능성의 문을 열고 창조의 기회를 만든다. 반면 힘을 빠지게 하는 질문은 가능성의 문을 닫고 포기하게 만든다. 할 수 없는 이유를 찾고 그것에 집중하게 한다.

나에게 힘을 주는 긍정적인 질문은 나의 에너지 탱크를 채우는 답을 찾게 한다. 반면 힘을 빼는 부정적인 질문은 내가 왜 힘들고 괴로운지 무의식적으로 확인하게 하고 포기하도록 한다. 힘을 주는 질문을 들으면 왠지 기분이 좋아진다. 하지만 힘을 빼는 질문을 들으면 나도 모르게 우울해진다.

스스로 에너지를 주는 질문을 계속하면 자신의 사고와 기분을 긍정적인 방향으로 만들어 갈 수 있다. 이런 질문을 통해 자기 안에 있는 강점이 자연스럽게 흘러나오고 긍정적이고 생산적인 결과로 이어진다. 자신감이 상승할 뿐만 아니라 생각과 감정과 행동에 선순환이 일어나 삶으로 표출된다. 긍정적인 에너지를 주는 질문을 스스로 해보자. 이를 습관적으로 하다 보면 삶의 새로운 의미를 얻는다. 나도 모르게 자신을 긍정적으로 보게 되고, 자연스럽게 강점을 발휘한다. 그리고 새로운 가능성의 길이 열린다.

정철민 코치의 *One Point Coaching*

나에게 힘을 주는 질문은 무엇인가요? 자신에게 힘을 주는 질문들을 만들어 보세요. 그리고 그 질문들을 자신에게 반복적으로 해보세요.
습관적으로 하는 질문 중에서 당신의 힘을 빠지게 하는 질문은 무엇인가요?
그런 질문을 자신이 무의식적으로 하고 있다는 사실을 인식하세요.

셀프 칭찬의
매직

"요한아, 아주 잘했어."

초등학생인 둘째 요한이가 자신에게 대견한 듯 혼잣말을 한다. 아들의 혼잣말이 재미있기도 하고, 셀프 칭찬이 신선하기도 하여 물었다.

"요한아, 지금 너를 칭찬한 거니?"

"응, 그게 어때서? 아무도 나를 칭찬해 주지 않잖아. 나라도 해줘야지."

현명한 대답이다. 자기 자신을 인정하고 받아 주는 첫 번째 사람, 지지하고 응원하는 최고의 팬이 바로 나 자신이라는 말이다.

"으음……. 맞기는 맞아." 아들에게 한 수 배운다.

나 자신을 칭찬하고 인정하기는 사실 너무나 어렵다. 솔직히 나도 나를 인정해 준 적이 별로 없다. 자신을 인정하는 법을 배운 적이 없어서 그렇다. 항상 장대 같은 높은 기준을 세우고 그걸 지키는 데 힘을 들이고 애를 썼다. 내 안에 자리 잡고 있는 비판하고 지적하는 자아가 내가 그 기준에 도달하지 못하면 못마땅하게 여기고 가차 없이 공격해댔다. 그 비판하고 지적하는 자아로 인해 도무지 자신감이 생기지 않았다.

그 높은 기준에 맞춰 자신을 채찍질하며 험난한 세상을 헤치고 나아간 적도 있었다. 하지만 높은 기준이 독이 될 때가 많았다. 슬럼프는 그렇게 온다. 나 자신도 나를 받아들일 수 없을 때, 자신감이 훅 떨어진다.

누구나 슬럼프에 빠진다. 운동선수만이 아니다. 사업가나 의사, 변호사, 화가, 음악가 같은 전문직 종사자들도 슬럼프를 겪는다. 직장인, 학생도 예외가 없다. 슬럼프에 빠지면 정신적, 육체적으로 무기력해진다. 능숙하게 해내던 일도 순간 '이게 아닌데'라는 생각이 들고, 미세한 '감'이 달라짐을 느낀다. 무엇이 문제인지 찾지 못하고 실수의 연속이다. 뭘 해도 예전과 같은 몰입감과 에너지가 생기질 않는다. 마음은 조급해지고 답답하기만 하다. 도대체 뭘 해야 할지 모르겠고, 제자리를 빙빙 도는 것만 같다. 슬럼프의 원인을 찾으려 하지만 그 원인조차 찾지 못하고 헤매게 된다.

사실 슬럼프의 가장 큰 문제는 자신에 대한 믿음을 잃는 것이다. 자신감이 떨어지고 불안해진 결과가 슬럼프를 만들고, 슬럼프 자체가 다시 자신감을 떨어뜨리는 악순환을 만든다. '내가 할 수 있을까?' '안 되면 어떻게 하지?' 내면 깊은 곳에서 회의감과 의문이 든다. 결국 무기력해지고 무엇인가 해볼 마음을 잃는다.

슬럼프 극복의 핵심은 자신감 회복에 있다. 한데 문제는 자신감 회복을 위해서 의식적으로 더 잘하려고 할수록 무의식은 강하게 저항하며 잡아당긴다는 점이다. 무의식에서 브레이크를 밟고 있으니 의식에서 아무리 액셀러레이터를 밟아도 차가 나가지 않는다.

어떻게 이런 진퇴양난의 순간을 극복할 수 있을까? 인내심을 가지고 지속해서 자신을 있는 그대로 인정하고 받아들일 때, 무의식의 저항이 점점 줄어든다. 자신감이 회복되기 시작한다.

거울 앞에 서서 자신을 바라보자. 누가 보이는가? 거울에 보이는 그 사람의 이름을 다정하게 불러 주면서 셀프 칭찬을 해줘라. 그 사람에게 따뜻하게 말을 건네 보자. 과거에 경험했던 최고의 성취 모습에 관해서 이야기해 주고, '그때 최고였다'고 엄지를 척 올려 주자.

현재의 못난 모습까지도 괜찮다고, 있는 그대로 인정해 주자. 못난 모습이 있긴 하지만 못마땅하게 여기지 않는다고 말해 주자. 처음에는 어색하기도 하지만 그렇게 해줄 때, 거울 속의 그 사람이 자신감을 갖고 살 수 있다.

나 자신에게 대가 없이 줄 수 있는 만큼 사랑을 주기 시작할 때, 자신의 진정한 가치가 빛나기 시작한다. 새로운 나로 빛을 발한다.

자기 계발과 성장의 출발은 자기 사랑이다. 나를 사랑하는 것은 있는 그대로 자신을 수용하는 데서 시작한다. 나를 못마땅하게 생각하지 않고 있는 그대로 받아들이고 인정해 줘야 새로운 나로 나답게 살아갈 힘이 생기기 시작한다.

이 험한 세상에서 나라도 내 편이 되어 받아 주면 좀 어떤가. 까짓 것, 그 정도쯤 해줄 수도 있지. 나를 위해서 못할 게 무엇이 있겠는가. 거울 앞에 서서 나도 그 사람에게 이야기한다.

"그래, 정 코치 아주 잘했어. 최고야. 당신은 사람들에게 영감을 주는 진짜 최고의 코치야. 당신 멋져."

셀프 인정과 칭찬을 나는 아들에게서 배웠다.

정철민 코치의 *One Point Coaching*

당신은 셀프 인정과 칭찬을 해본 적이 있나요?
잘난 모습이든, 못난 모습이든 그것이 바로 나입니다.
내가 나를 못마땅하게 생각하지 않고, 있는 그대로 자신의 모습을 인정할 때 진정한 성장이 일어나기 시작합니다.

감정의
주인으로
사는 법

코칭을 하면서 만난 한 IT 기업의 Y이사는 지금 '상사병(上司病)'에 걸렸다. 상사만 보면 눈을 못 마주치겠고 심장이 방망이질하듯 두근거리며 답답해진다고 한다. 안타깝게도 좋아서가 아니다. 상사로부터 받는 스트레스 때문에 생긴 증상이다.

한국의 직장 문화에서 이 같은 '상사병'을 호소하는 직장인들이 꽤 있다. 위압적이고 일방적인 상사의 의사 결정 방식이나 일 처리 방식, 또는 성향, 말투, 가치관, 태도 등이 원인이 되는 증상이다. 처음에는 일로 대립하거나 부딪칠 때만 생기지만 심해지면 모든 것이 다 싫어지는 지경까지 갈 수 있다. 가족보다 더 많은 시간을 함께 보내기에 증상은

날로 더 심각해진다. 이놈의 상사병을 어찌해야 할까?

상사병의 특효약은 뭐니 뭐니 해도 사직서다. 사직서를 시원하게 던져야 상사병에서 해방될 수 있다. 하지만 부작용이 만만치 않다. '김 부장 피하려다 이 부장 만난 케이스'가 어디 한둘이겠는가!

상사병이 조금이나마 나아지는 데 도움 되는 것이 '뒷담화'다. 마음이 맞는 동료가 있다면 이보다 더 좋은 약이 있으랴. 짬짬이 시간 내서 입을 풀어 주어야 살맛이 난다. 앞에서는 눈치를 보지만 뒤에서는 누구보다도 당당하다.

기밀만 유지된다면 약효는 최고다. 하지만 매일 내 눈앞에 상사가 떡하니 버티고 있는 한, 잠시 아드레날린이 분비되고 마는 수준에 머문다. 오히려 '뒷담화'는 상사병이 만성질환으로 진전하는 원인이 되기도 한다.

속으로 끙끙 앓으면서 버텨 보는 것이 대부분 상사병 환자들의 셀프 처방이다. 가슴에 점점 울화가 쌓이고, 실제 몸에 증상이 나타나는 단계까지도 발전한다. 가끔 소심하게, 때로는 대놓고 감정을 표출하기도 하지만 뒤끝이 작렬한다. 가슴에 품고 있다가 서서히 골병이 든다.

Y이사는 어떻게 이 상황에서 벗어날 수 있을까?

지금 Y이사는 상황과 사건, 사람과의 관계 속에서 어떻게 자신의 감정을 조절해야 할지를 모르는 상태에 있다. 단지 Y이사만의 문제가 아니다. 감정의 문제는 모두에게 심각한 수준이다. '불안 장애'나 '분노

조절 장애' 같은 말이 일상 언어가 된지 오래다.

<감정의 발견>의 저자이자, 예일대 감성 지능 센터장인 마크 브래킷(Marc Brackett) 교수는 전 세계적으로 감정 문제 때문에 우울과 고통을 호소하는 사람들이 늘고 있다고 말한다. 그에 따르면, 자신 스스로 감정의 '통치자'(Ruler)가 되지 않으면, 자신의 감정에 지배당하면서 감정으로 인한 피해자로 살아갈 가능성이 커진다. 자신의 감정을 인식하고(Recognize), 이해하고(Understand), 이름표를 붙이고(Label), 표현하고(Express), 조절해야(Regulate) 감정의 주인으로 살 수 있다.

상사병의 진짜 문제는 내가 내 삶의 주인으로 살지 못하는 데 있다. 우리는 항상 문제의 원인이 자기 밖에 있다고 생각한다. 상황이 자신의 통제 범위 너머에 있어, 나는 아무것도 할 수 없다고 믿는다. 자신에게는 힘이 없고, 자신을 움직이는 힘은 타인이나 상황이 쥐고 있다고 생각해 점점 무기력에 빠진다. 이런 식으로 감정의 피해자로 살면, 단순히 직장 상사와의 관계만이 아니라 삶의 모든 영역과 관계에서 피해자 모드로 살게 된다. 새로운 나로 나답게 살 기회를 잃는다.

어떻게 하면 감정의 피해자가 아닌 주인으로 살 수 있을까?

먼저 자신의 감정과 몸의 반응을 알아채야 한다. 감정은 내가 아니다. 감정은 신호일 뿐이다. 과거의 내 기억이 주는 신호일 수도 있고, 현재 당이 떨어졌다는 몸의 반응일 수도 있다. 내 안의 결핍된 욕구나 내가 겪고 있는 상황에 대한 무의식의 반응일 수도 있다. 감정을 '나 자체'

가 아닌 '신호'로 받아들이면, 자기 안에서 일어나는 감정을 인식하기 (Recognizing)가 훨씬 쉬워진다.

감정이 일어나는 이유는 많다. 최근의 사건부터 오래된 어린 시절의 기억까지 내 안에서 작동하는 부정적인 감정과 반응의 원인이 거기에 있다. 현재 상황에서 원인과 결과를 따지는 대신, 차분히 자신만의 시간을 가져 보자. 스스로 질문하고 답하면서 내면의 소리를 들어 보자. 어떤 감정과 몸의 반응이 올라오는가? 왜 그런 반응이 일어난다고 생각하는가?

내가 지금 불안한지, 슬픈지, 아니면 화가 나는지, 반대로 만족하는지, 즐거운지, 기쁜지, 평안한지 인식할 수 있는가? 자신에게 나타나는 신호인 감정을 인식하고 감정이 올라온 이유를 파악(Understanding)하면, 그 감정에 이름표를 붙일 수 있다. 감정에 이름표를 붙여 보면 감정의 실체가 분명해지고 인식하기가 더 수월하다. 내 감정에 이름표를 달아 주는(Labeling) 연습이 필요하다.

감정을 분명하게 인식하면서 자신의 삶에서 어떤 감정들이 어떻게 반복적으로 나타나는지, 어떤 부정적인 영향을 주고 있는지 살펴보자. 감정에 지배당하기를 원하지 않는다면, 당신이 진정으로 원하는 것이 무엇인지를 상상해 보자. 그것을 상상할 때 어떤 기분이 드는가? 이렇게 스스로 답하다 보면 감정에 대한 인식 능력이 향상된다.

감정의 신호를 알아차리고 이름표를 붙이면서 점차 조절할 수 있는 능력이 생기기 시작한다. 감정이 일어날 때 호흡을 하거나, 산책하거나, 생각과 기분을 전환할 수 있는 다양한 표현(Expressing) 방법을 찾는 것도 감정을 조절(Regulating) 할 수 있는 방법이다. 이렇게 서서히 감정의 피해자 모드에서 감정의 통치자 모드로 변화할 수 있다.

Y이사는 코칭을 받으며 자신의 감정과 생각의 부정적인 자동 패턴을 발견했다. 이제는 어떤 상황에 벌어져도 그 신호를 쉽게 알아채고 대처할 수 있다. 무엇보다도 감정이 일어나는 이유가 자신의 어린 시절의 경험과 관련되어 있다는 것을 알게 되었다. 감정의 이유를 알게 되면서 그것으로부터 생기는 감정에 명확하게 이름표를 붙이고 감정을 조절하고 표현할 수 있게 되었다. 여전히 두근거리기는 하지만, 상사의 눈을 바라보고 자신의 의견을 정확하게 표현할 수도 있게 되었다.

사람은 가끔씩 자신이 감정의 주인인 것을 잊고 산다. 지금까지 감정이 내 허락도 없이 주인 노릇을 했다. 이제는 내가 주인이다.

정철민 코치의 *One Point Coaching*

'지금 기분이 어때?' 이렇게 감정의 주인으로서 자신의 감정을 스캔해 보세요. 감정의 신호를 인식하고, 자신의 기분이나 감정을 전환할 수 있는 방법을 찾아보세요.

'최고의 성취 순간'을
떠올릴 때
얻을 수 있는 것들

'과연 새로운 곳에서 잘 할 수 있을까?'

회사의 구조 조정으로 새 직장을 찾아야 했던 K과장. 불안정한 시기에 이런 생각이 들자 자신감은 떨어지고 불안감은 커져만 갔다. 안정된 직장에 입사해서 기뻐하던 가족들의 모습이 떠올랐다. 이제 막 조직 생활에서도 자리를 잡았다고 생각했는데, 마치 세상으로부터 버림받은 기분마저 들었다.

불확실한 상황은 두려움을 준다. 앞으로 어떤 상황을 직면하게 될지 모르기에 불안한 생각이 떠나질 않는다. 어떻게 해야 할까? 처음 만났을 때 긴장이 가득했던 K과장의 얼굴이 아직도 잊히질 않는다.

본격적인 코칭에 앞서 우선 K과장의 강점부터 살펴보기로 했다. K 과장은 책임감이 강했다. 체계적으로 업무를 진행하는 것도 그의 강점 이었다. 자신이 하겠다고 맡은 업무에 대해서는 어떤 상황이 닥치더라 도 끝까지 책임감 있게 해냈다. 기술적인 이해도가 높아 기술적인 문제 를 해결하는 데 능숙했다. 제한된 자원을 효율적으로 관리하면서 정해 진 기간 내에 체계적으로 일을 준비하고 마무리해냈다.

코칭을 진행하는 과정에서 K과장은 자신이 자연스럽게 생각하고 느끼고 행동하는 패턴이 어떻게 자기 일과 연결되는지를 이해하고 인 식하기 시작했다. 자신의 강점이 업무에서 어떻게 발휘되는지를 이해 하면서 조금씩 자신감을 느끼는 듯했다. 그러나 자신이 가진 강점으로 앞으로 어떤 것을 할 수 있을지 쉽게 확신하지 못했다. 자신이 가진 강 점의 가치를 쉽사리 인정하지 못했다.

그는 분석적이고, 체계적이며, 책임감 있게 일하는 자신의 강점을 누구나 할 수 있는 일로 여겼다. 그의 생각도 일리는 있었다. "대부분의 엔지니어가 그 정도는 할 수 있는 거 아닌가요?" K과장이 '자신은 특별 하지 않다'는 투로 말했다.

"모든 엔지니어가 다 그런 것은 아닙니다. K과장은 자신이 가진 자 연스러운 패턴으로 분석적이고 체계적이며, 책임감 있게 일하고 있어 요. 여기에 후천적으로 습득한 지식, 기술, 경험이 더해져 당신만이 가 진 독특한 차별성과 나다움이 나타나고 있어요."

독특한 차별성은 세계적인 초우량 기업에서만 나타나는 것이 아니다. 개인에게도 충분히 나타날 수 있다. 그 사람만이 가진 강점의 조합은 몇천만 명 중의 하나일 수도 있고, 전 세계에서 유일한 것일 수도 있다. 재능의 조합에 그 사람이 살아온 삶, 후천적으로 습득한 지식, 스킬, 경험을 합치면 세상에 단 한 사람, 하나밖에 없는 유일무이한 존재가 나타난다. 그 사람만이 가진 독특한 차별성이자 경쟁력이 된다. 아직 두드러지게 드러나지 않더라도 적어도 그 씨앗은 존재한다.

"지금까지 여러 차례 프로젝트를 성공적으로 완수한 것으로 알고 있어요. 그중에서 최고의 성취 순간을 떠올려 보세요." 나는 최고의 순간을 이야기해 달라고 부탁했다.

K과장은 최고의 성취 순간(Peak Performance Time)을 잘 기억하고 있었다. 그 순간에 대해 말할 때 약간 흥분하는 것을 느낄 수 있었다. 어려웠지만 책임감을 느끼고 끝까지 완수했다는 점을 그는 특히 자랑스럽게 생각했다. 그 성공의 순간에 분명 K과장의 강점이 자연스럽게 반복적으로 나타나고 있었다.

일주일이 지난 후 K과장을 다시 만났을 때, 그는 자신이 경험한 것을 나에게 들려주었다.

"제 강점에 대해서 생각하면서 잠자리에 들었어요. 잠이 들기 전에, 그동안 수행했던 프로젝트들이 떠올랐어요. 파노라마처럼 펼쳐지면서 지나가더라고요. 분명히 최고의 성취 순간들이었습니다. '그때 내가 가진 내 강점으로 그걸 해낼 수 있었구나' 하는 생각이 들었어요. 나도 모르게 만족감과 자신감이 올라왔습니다. 이제 내가 가진 강점으로 어느 곳에 가서도 잘 해 낼 자신이 있습니다."

놀라운 자기 인식과 자기 수용의 순간이었다. 이야기를 듣고 있던 내게 전율이 올 정도였다. 그는 있는 그대로의 자신을 받아들이고 자신의 진가를 확인하고 인정하기 시작했다. 있는 그대로의 자기 자신의 가치를 인정할수록 자기 안에 있는 그 보석은 더 강하고 찬란한 빛을 발한다.

K과장은 얼마 지나지 않아 자신이 원하는 일을 할 수 있는 곳으로 이직했다. 연봉도 오르고 근무 환경도 만족스러운 곳이었다. 무엇보다도 자신의 강점을 마음껏 발휘할 수 있어 좋다고 했다.

 정철민 코치의 *One Point Coaching*

당신의 최고의 순간을 떠올려 보세요. 그때 당신의 강점은 어떻게 나타났나요? 기분은 어땠나요? 무엇이 그것을 가능하게 했나요?
그것을 떠올리면서 자신의 가치를 충분히 느껴 보세요. 최고의 순간을 만든 당신의 강점은 이미 예전부터 당신 안에 있었다는 것을 인식해 보세요.

아주 작은 씨앗이
큰 나무로
자라는 법

크고 작은 성공 체험은 한 사람의 성장에 있어 매우 중요한 요소다. 작은 물방울이 모여 강을 이루고 바다가 되듯, 작은 성공 체험이 쌓여 큰 성취를 경험하게 하고 탁월한 업적을 이룬다. 나도 모르게 자연스럽게 나타나는 크고 작은 성공 체험은 '최고의 성취 순간'을 만드는 훌륭한 재료들이다.

"최고의 성취 순간을 떠올려 보세요."

"……. 저는 최고의 성취 순간이 없는데요."

코칭 현장에서 보면 많은 이가 최고의 성취 순간을 떠올리길 어려워 한다. 자신에게는 별다른 최고의 순간이 없다고 기운 없이 말한다.

'내가 지금까지 성취한 것이 뭐가 있지? 그것도 최고의 성취 순간이라니……. 나는 대단한 사람도 아니고, 크게 성공하지도 않았는데, 다른 사람들에게 인정받은 것도 별로 없잖아.'

사실 '최고의 성취 순간'이라는 말이 거창하게 들리지만 무언가 대단한 업적을 뜻하는 것은 아니다. 과거에서 현재까지 내 기준에서 생각되는, 자신이 겪은 좋은 경험, 긍정적이고 생산적인 결과, 보람과 성취감을 느꼈던 순간이면 된다. 아주 작은 것이라도 좋다.

아이언맨처럼 영웅이 되어서 세상을 구하는 업적일 것까지 없다. 세계적인 기업을 만든 스토리가 아니어도 좋다. 누구나 선망하는 명문학교의 졸업장을 따라는 이야기도 아니다. 각자의 삶에서 내가 스스로 뭔가를 성취한 크고 작은 경험을 찾아보는 일이다.

나도 모르게 자연스럽게 강점이 발휘된 작은 성공의 경험도 가치있는 최고의 성취 순간이 될 수 있다. 다른 사람에게는 별것 아닐 수 있지만 나에게 일어난 바로 그 최고의 성취 순간은 나 자신의 성장과 발전을 위한 보석의 원석이라고 할 수 있다. 앞으로 펼쳐질 잠재력의 씨앗이다.

"초등학교 3학년 때, 언니가 지나가는 말로 '영어 글씨가 참 예쁘다'고 했어요. 이 말을 들었을 때 이상하게 너무 좋았어요. 나도 모르게 영어가 좋아지고 영어 공부에 매달리게 되었죠."

"영어 글씨가 참 예쁘다"는 언니의 말은 초등학생 아이에게 성취감을 느끼게 했다. 기분 좋은 경험이었고, 아이의 수준에서는 자신도 모르게 나타난 긍정적이고 생산적인 결과였다. 가슴이 뿌듯해지고 무언가 해냈다는 느낌이 든 순간, 바로 그때가 아이에게 최고의 성취 순간이었다.

자연스럽게 나타나는 작은 성공의 체험은 강점을 개발하는 씨앗이 된다. 그 지점에서 성장이 일어난다. 작은 성공의 체험이 씨앗이 되어 큰 나무로 자란다. 작다고 그냥 흘려버리기 쉽고, 너무나 자연스럽기 때문에 인식하기 쉽지 않다. 순간적이기 때문에 놓치기 쉽고, 제대로 포착하지 않으면 순식간에 사라져버린다. 이런 작지만 최고의 성취 순간을 인식하는 것이 중요하다.

혼자서 안 된다면 다른 사람의 도움을 받아도 좋다. 자신도 모르게 나타나는 아주 작은 최고의 성취 순간을 누군가 거울처럼 비춰 주거나 알아채고 이야기해 줄 수 있다면 당사자가 힘을 얻을 수 있다.

지금은 작은 씨앗에 불과한 '작은 성취'도 언젠가 많은 사람을 돕는 큰 나무로 성장하는 계기가 될 수 있다. 충분히 가능하다.

정철민 코치의 One Point Coaching

지금 당신에게 떠오르는 아주 작은 성취는 무엇입니까?
당신의 강점이 나타난 아주 작은 성취의 순간을 찾아보세요.
그것이 작은 씨앗이 되어 큰 나무로 자라날 수 있습니다.

CHAPTER 5

세상의 기준이 아닌, 나의 기준을 만들다

최고의 컨디션으로
몰입하게 하는
루틴 만들기

'최고의 성취 순간'이란 나의 강점이 자연스럽게 최대로 발휘된 순간을 말한다. 반드시 대단한 일일 필요는 없다. 아주 작은 것이라도 괜찮다. 내 기준에서 나의 자연스러운 사고, 행동, 느낌의 패턴이 긍정적이고 생산적인 결과로 이어져 보람과 성취를 느끼는 순간이면 된다. 최고의 성취 순간을 경험한 이들은 이 순간을 최고의 행복감, 몰입감을 느낀 순간으로 기억한다.

최고의 성취 순간은 우연히 한 번으로 끝나는 것이 아니다. 나의 강점이 내가 원하는 때에, 필요한 곳에서 제대로 발휘되기 위해서는 최고의 성취 순간이 나올 수 있는 조건과 습관을 자신만의 루틴으로 만들어 놓아야 한다. 이것은 무의식에서 일어났던 성취의 순간을 의식의 세계로 옮기는 일과 같다. 내 안에 있는 강점이 발휘되어, 순간 나도 모르게 드러났던 '나다움'을 의식적으로 깨우는 일이다.

나만의 자연스러운 루틴이 있는가? 그것을 통해 최고의 컨디션과 몰입을 경험하고 있는가? 자신만의 자연스러운 생각, 감정, 행동의 패턴을 파악하고 그것을 자신만의 강력한 성공 공식으로 만드는 사람들이 있다. 이들은 의식적, 무의식적으로 자연스럽게 나타나는 자신만의 패턴을 독특한 루틴으로 발전시킨다. 한순간, 반짝 나타났다가 사라지는 휘발성이 강한 강점을 탁월한 루틴으로 승화시킨다.

야구 선수 스즈키 이치로는 자신만의 패턴을 루틴과 결합하여 활용할 줄 아는 사람이다. 그 결과는 놀라운 성과로 이어졌다. 일본과 미국 프로 야구를 통틀어 가장 많은 안타를 기록한 선수가 됐다. 현역 시절, 이치로는 정확한 절차로 하루 루틴을 짰다. 이 루틴을 통해 최상의 상태로 컨디션을 유지하면서 최고의 기량을 발휘할 수 있었다.

이치로의 하루 루틴은 매일 똑같았다. 오전 열 시에 일어나서 세 시간 동안 하루 중 유일한 휴식 시간을 즐긴다. 오후 한 시에 훈련장에 도착해 스트레칭으로 훈련을 시작한다. 매일 똑같은 동작, 똑같은 순서로 반복한다. 점심은 아내가 만든 카레로 십 년 넘게 먹어 왔다. 카레를 좋아하기보다는 몸 상태를 매일 똑같이 유지하기 위해서다. 원정 경기에서는 페퍼로니 피자를 먹었다.

경기 시작 다섯 시간 전에 정확히 경기장에 도착한다. 이것은 이치로가 야구 인생에서 거의 한 번도 어기지 않은 철칙이다. 유니폼으로 갈아입고 나서 같은 순서와 동작으로 스트레칭을 하고 몸을 푼다. 역시 똑같은 순서로 수비, 타격 연습을 각각 한 시간씩 한다. 이치로의 루틴을 보면 모든 과정이 한 번의 타석을 밟기 위한 정결한 의식 같다. 비가 오든 선발 명단에서 빠지든 정해진 루틴에서 벗어난 적이 없다.

보통 사람의 눈으로 보면 이치로의 하루 루틴은 숨이 턱 막힌다. 단지 하루만이 아닌 시즌 내내 계속되는 동일한 루틴이라는 점에서 더욱 놀랍다. 따라 하기도, 적용하기도, 엄두가 나지 않는다. 한 치의 오차도 없이 반복되는 루틴을 지켜보는 것이 더 어려울 정도다.

이치로의 루틴은 극단적이다. 하지만 그에게는 어려운 일이 아니다. 오히려 루틴대로 사는 방식이 자연스럽다. 이 루틴을 지키는 일이 최고의 컨디션과 성적을 낼 수 있는 비결이기 때문이다. 물론 이치로는 시간에 맞춰 정해진 일을 정확하게 해내는 타고난 재능도 가졌다.

이치로는 타고난 재능을 활용해서 자신의 삶과 목표를 연결했다. 자신에게 맞춰 최적의 컨디션을 낼 수 있는 나만의 남다른 루틴을 만들어 낸 것이다. 이것이 에너지를 충전하고 강력한 몰입을 만든 그만의 비결이었다.

물론 이치로는 한 가지 루틴에 매몰되지 않았다. 환경이 바뀜에 따라 변화를 시도하기도 하고, 자신에게 맞는 루틴을 새롭게 개발하여 적용하기도 했다. 나이가 들고 새로운 환경을 접했을 때 적응하기 위해서였다. 내부와 외부 환경 변화에 맞춰 자신의 강점과 최고의 기량이 발휘될 수 있도록 루틴을 조절했다.

한 가지 일에 탁월한 재능을 발휘하는 사람은 단순히 최고의 성취 순간에 자신의 재능을 발휘하는 것에 만족하지 않는다. 자신에게 있는 자연스러운 패턴을 독특한 루틴으로 승화시켜 놀랄 만한 성과를 얻어낼 줄 안다. 그리고 그것을 통해 얻은 자신의 성공 경험을 차츰 다른 영역으로 확대하면서 자신만의 루틴을 더 강력하게 세워간다. 이런 루틴으로 세워진 성공 공식을 끊임없이 삶의 다른 분야에 적용함으로써 계속 성장하고 발전한다.

이치로의 루틴을 들여다보다 보니 그가 자기 일에 혼신의 힘을 다하는 장인처럼 느껴진다. 강점이 발휘되는 최고의 성취 순간을 정결한 의식 수준으로 승화시킨 야구의 장인. 그런데 어찌 이치로뿐이겠는가? 자신만의 성공 공식을 특별한 루틴으로 승화시킨 숨은 고수와 장인들이 우리 주변 곳곳에서 빛을 발하고 있다.

정철민 코치의 *One Point Coaching*

컨디션이나 성과를 최고로 끌어올릴 수 있는 자신만의 하루, 또는 일주일의 루틴이 있나요? 자신의 감정, 생각, 행동의 패턴을 최적의 상태로 끌어올릴 수 있는 나만의 루틴을 만들어 보세요.

실패는
내 탓이 아니오 :
작은 습관 프로젝트

　잠을 자려고 침대에 누웠다. 잠이 오지 않아 침대 옆에 둔 휴대전화에 손을 뻗쳤다. '잠깐만 봐야지' 하는 마음으로 유튜브에 들어가서 평소 흥미 있던 분야의 영상을 보기 시작했다. 조금씩 빨려 들어가나 싶더니, 미끼를 덥석 물어 버린 물고기처럼 알고리즘이 던져 준 콘텐츠에 빠져들었다. 어느새 두 시간이 훌쩍 지났다.

　결국, 잠을 설쳤다. 그 여파로 다음날 컨디션이 안 좋았고 일에도 영향을 미쳤다. 후회가 밀려왔다. 다시는 안 하겠다고 결심했지만 어느새 또다시 이런 패턴을 반복하는 나 자신을 발견한다.

　어디 이런 일뿐이겠는가! "담배를 끊겠다", "영어 공부를 해야지",

"살을 빼고 싶다", "일찍 일어나 활기찬 하루를 보내.", "운동을 해야지", "밤에 푹 자겠어", "건강에 좋은 음식을 챙겨 먹자", "욱하지 말고 감정을 조절하자" 등등. 큰맘 먹고 결심하지만, 항상 얼마 지나지 않아 실패했던 시도가 여럿 떠오른다.

물론 '작심삼일'을 극복한 사람들도 있다. 우리는 그런 사람들을 '의지의 한국인'이라 부른다. 의지박약한 나와는 차원이 다른 사람들. 결국 '내 탓 하기'로 실패를 합리화하며 작심삼일 결심을 끝낸다.

하지만 이런 일이 반복되면 '내 탓 하기' 사고가 점차 내면 깊숙이 뿌리내린다. '사소한 일도 제대로 못 하는 나, 어찌 큰일을 할 수 있겠어' 식의 부정적인 자기 인식에까지 이른다.

스탠포드대학교 행동 설계 연구소 소장, BJ 포그(Brian Jeffrey FOGG) 교수는 삶의 변화를 만드는 일에 실패할 때 '내 탓' 하는 것으로 끝내지 말라고 조언한다. 실패하는 진짜 원인은 '내'가 아니라, '접근 방식'에 있다며 변화를 위해 작은 것부터 실천하는 습관을 지니라고 강조한다.

평범한 사람이 이치로 선수와 같은 '극단적인 방식'으로 루틴을 실행하기는 실제로 쉽지 않다. 하지만 아주 작은 행동으로 자신만의 습관과 루틴을 만든다면 원하는 바를 이루는 것이 그리 어렵지 않을 수도 있다. 작은 습관과 루틴을 통해 새로운 패턴을 만들면 나쁜 습관에서 빠져나오는 게 어렵지 않다는 이야기다.

그렇다면 평소에 내가 약했던 부분, 잘 안 되었던 영역에서도 아주 작은 행동으로 쪼개서 습관과 루틴으로 만드는 것이 가능할까? 나는 나 자신을 대상으로 실험해 보기로 했다.

먼저 내가 원하는 바와 이루고자 하는 결과를 명확히 했다. 나는 일상에서 나타나는 부정적인 사건이나 상황에 영향을 받지 않고 최적의 감정 상태를 유지하기를 원했다. '항상 에너지 넘치고 긍정적인 마음을 갖는다'가 나의 목표였다.

새로운 습관을 만들기 위해 아주 작은 행동부터 시작했다. 간단하고 쉬워야 한다는 원칙을 세우고, 내 감정을 최적의 상태로 유지하기 위한 나만의 실험을 궁리했다.

이름하여 '긍정적이고 에너지가 넘치는 삶을 만드는 작은 습관 프로젝트'. 어떤 행동을 하거나 상황이 벌어지면 자동으로 다음 행동으로 이어지도록 하는 습관이었다. '~면 ~한다', '~할 때 ~한다'는 식으로 만든 나의 작은 습관들은 다음과 같다.

- 아침에 잠에서 깨서 의식이 들었을 때, "오늘 은혜의 하루를 주셔서 감사합니다"라고 말한다.
- 침대에서 나와 바닥에 발이 닿자마자, 몸을 쭉 펴고 스트레칭을 한다.

- 샤워실 거울 앞에 서서 내 얼굴을 볼 때, 웃으면서 "너는 괜찮은 사람이야"라고 말한다.
- 출근을 위해 현관 앞에 섰을 때, 아이들과 아내를 꼭 안아 준다.
- 운전하기 위해 자동차 시트에 앉자마자, 기분을 상쾌하게 유지할 수 있는 유튜브 채널의 음악이나 강의를 튼다.
- 오후에 몸과 기분이 처진다는 생각이 들면, 회사 사무실 주변을 한 바퀴 돈다.
- 잠자리에 들기 30분 전 책상 앞에 앉았을 때, 오늘 하루를 돌아보면서 부정적인 생각이나 감정이 들었던 순간을 돌아본다. 그리고 그 생각과 감정을 놓아 버린다.
- 잠자기 전 침대에 누웠을 때, 오늘 하루 감사했던 것들을 떠올려 본다.

처음부터 모든 것을 한꺼번에 하지는 않았다. 하나를 해보고 괜찮다는 생각이 들면, 또 하나를 해보면서 조금씩 늘려갔다. 무엇보다 간단하고 쉬워서 자연스럽게 습관이 만들어졌다. 그리고 어느새 작은 습관들이 모여 나만의 하루 루틴이 만들어졌다. 이런 루틴이 자리 잡으면서 부정적인 생각이 들어도 감정 조절이 쉬워지고, 평상심을 유지하는 시간이 늘어났다. '긍정적이고 에너지가 넘치는 삶을 만드는 작은 습관 프로젝트'는 성공이었다.

타고난 강점을 발휘해 효과적인 결과를 만들 수 있고, 후천적인 노력을 통해 자연스러운 패턴을 만드는 것이 가능하다는 것을 나는 셀프 실험으로 증명했다. 삶의 작은 습관과 루틴을 통해 새로운 나로 나답게 사는 것, 이것은 정말 가능한 일이었다.

 정설민 코치의 *One Point Coaching*

당신이 만들고 싶은 작은 습관이나 루틴은 무엇인가요?
아주 작은 행동으로 습관이나 루틴을 만들어 보세요. 그것들을 조금씩 발전시켜 최적의 상태를 유지할 수 있는 하루 루틴이나 주간 루틴으로 발전시켜 보세요.

'최고의 성취 순간'을
떠올려라 :
성공 공식 찾기

"당신이 경험한 최고의 순간, 성취의 순간을 떠올려 보세요."

"그 순간을 이야기해 주세요."

"어땠나요? 좀 더 자세히 이야기해 주세요."

"그때와 지금은 어떤 차이가 있나요?"

"다시 해본다면 무엇을 해보시겠어요?"

기업에서 직장인들을 대상으로 강점 기반 성과 향상 강의나 워크숍을 할 때마다 내가 사람들에게 묻는 말이다. 스스로 '최고의 성취 순간'을 돌아보고 그것을 직접 이야기하도록 독려한다. 한데 질문을 던지고 나면 항상 놀라운 모습을 만나게 된다.

자신의 최고의 순간, 성취의 순간을 이야기하는 사람들의 표정이 특별하게 변한다. 눈동자가 커지고 옅은 미소가 얼굴에 퍼진다. 어느새 목소리의 톤이 바뀐다.

'그래, 그때 내가 해냈지.'

'맞아. 그때 나도 모르게 어려움을 이겨냈어.'

좌절의 순간에 다시 일어나 조금씩 성장해 온 모습, 작은 성취들이 모여서 한 단계 도약을 이루어냈던 순간들을 떠올린다. 이렇듯 최고의 성취 순간을 떠올리다 보면 당시 순간이 다시 한번 생생하게 머릿속에 그려진다. 이미 그 사람은 최고의 성취 순간으로 빨려 들어가고 있다. 그 순간을 정서적으로 다시 경험하면서 표정부터 미묘하게 달라진다. 자신도 모르게 그 속에서 나다움을 발견하기 때문이다.

그 최고의 순간, 성취의 순간을 머릿속에 펼칠 때, 사람들은 다시금 몰입한다. 다시 그 순간의 기쁨, 흥분, 만족, 성취감의 세례를 받고 에너지를 발산한다. 그런 순간을 거짓으로 꾸며 내기는 어렵다. 온전히 자신이 경험한 기쁨과 즐거움의 순간이기 때문이다. 이때 사람은 나다움의 자신감으로 충만해진다.

당신의 최고의 성취 순간은 언제인가? 그때를 떠올려보자. 어떤 생각과 기분이 드는가? 아무리 큰 어려움을 겪었더라도 성취의 순간을 이야기할 때면, 오롯이 자신만이 누렸던 당시 감격과 환희의 감정이 되살아난다.

이와 동시에 지금 내가 가지고 있는 강점의 가치, 보석의 진가를 다시금 알아챈다. 지금까지 내 안에 있었다는 것을 확인하고, 앞으로도 있을 것을 확신하면서 자신감이 회복되고 최고의 에너지를 얻는다.

성취를 이룬 최고의 순간은 자신도 모르게 자연스럽게 나타나는 경우가 많다. 그래서 그 순간에 대한 기억은 있지만 그것으로 또다시 무엇을 할 수 있을지 알기는 쉽지 않다. 휘발성이 있어 한순간에 사라지기 때문이다. 인식하기도, 붙잡기도 힘들다. 성취의 순간을 토대로 자신의 강점을 어떻게 개발해야 할지 방향을 잡기 위해서는 성찰의 시간이 필요하다.

"그 최고의 성취 순간에 어떤 일이 일어났을까?"

먼저 성찰의 시간을 통해 그 순간을 되돌아본다. 나의 최고의 성취 순간은 언제였지? 그때 어떤 일들이 일어났지? 어떤 좋은 결과가 있었지? 무엇이 그런 좋은 결과를 만들었지? 그 결과가 나와 주변에 어떤 영향을 미쳤지?

그다음 최고의 순간을 되돌아보고 분석하면 새로운 가능성의 문이 열린다. '최고의 순간'으로부터 얻은 확실한 재료를 토대로 '나만의 차별화된 성공 공식'을 만들 수 있기 때문이다. 성취의 순간들을 잘 활용하면 세상 어디에도 없는 자신만의 성공 공식이 생긴다.

성취의 순간을 되돌아보는 일은 개인의 성장과 발전에 있어 매우 중요하다. 물론 무의식적으로 나타나기에 아직은 분명하지 않다. 하지만 삶에서 자연스럽게 나타나는 이런 최고의 순간은 다시 반복될 가능성이 크다. 자신의 강점에 기초한 최고의 성취 순간을 잘 다듬어 가다 보면, 나다움을 찾을 뿐만 아니라 나만의 강력한 차별화와 성공의 절차를 만들 수 있다.

자신도 모르게 집중과 몰입이 일어나고, 긍정적이고 생산적인 결과를 내는 순간을 이제는 의식적으로 만들어 볼 수 있다. 이런 최고의 성취 순간을 만들어 낼 수 있다면, 광산에서 금맥을 발견한 것과 다를 바 없다. 어렵지 않다. 이제부터 내 속에 숨어 있는 금맥을 발견하러 함께 나서 보자.

 정철민 코치의 *One Point Coaching*

당신이 경험한 최고의 순간은 어땠나요?
그때를 상상할 때 어떤 생각과 기분이 듭니까?
성취의 순간에 대한 좋은 기억은 당신에게 에너지와 힘을 줍니다.
당신만의 성공 공식을 만드는 재료로 활용하세요.

'나만의 성공 공식'
만드는 법

어리석은 사람은 열심히 일하지만, 현명한 사람은 시스템을 만든다. 특출난 성과나 성취를 이룬 대단한 사람만이 시스템을 만드는 것은 아니다. 누구나 만들 수 있다. 내 강점이 발휘되어 성과를 낸 '최고의 성취 순간'을 찾아 모아 이를 분석하고 재료로 삼아 시스템화하면 충분히 가능하다.

첫 번째로, 바닷속에 묻힌 보물을 찾듯이 삶의 기억 저편에 숨겨진 최고의 성취 순간들을 찾는다.

이미 내가 가진 재능에 후천적으로 습득한 지식, 스킬, 경험을 더해

성과를 만들어냈다. 다양한 상황에서 강점이 발휘되어 최고의 순간을 이뤄냈다. 그것을 더듬어 찾아보는 것이다.

성취의 순간은 휘발성이 강해서 언제 나타났는지도 모르게 사라질 수 있다. 제대로 인식하고 기록하지 않으면 성취의 순간에 일어난 디테일을 알 수 없다. 마치 장인들이 후대를 위해 기록을 남기는 심정으로, 성취의 순간에 나타난 자신만의 노하우를 찾아 기록해 본다.

이를 위해 먼저 언제, 어떤 의미 있는 성취의 순간을 경험했는지 떠올린다. 기분 좋고, 보람되고, 성취감을 느낀 순간을 적어 본다. 여러 가지 상황과 사건이 떠오를 수 있다. 종이를 펼쳐 놓고 모두 적어 본다. 희미한 기억일 수도 있고, 평생 잊을 수 없는 강렬한 순간일 수도 있다. 어떤 순간이라도 좋다. 잊힌 영웅 신화와 구전민요를 수집해 기록에 남긴다는 마음으로 자신의 최고의 순간을 찾는다.

필요하면 다른 사람의 도움을 받는다. 나를 잘 아는 신뢰할 만한 사람들에게 나의 강점을 적어달라고 SNS 메시지를 보냈던 것처럼, 그들이 아는 나의 최고의 성취 순간에 대해 적어달라고 요청한다. 내가 생기 있고, 보람차고, 성취감을 느꼈던 순간을 그들도 알고 있다면, 그 순간이 언제인지, 그때 내가 무엇을 어떻게 했는지, 알려달라고 부탁한다.

이런 식으로 자신과 다른 사람들이 알고 있는 최고의 성취 순간들을 모아서 그중에서 가장 인상 깊고 기억이 뚜렷한 사례를 세 개 정도를 뽑는다.

두 번째로, 내가 뽑은 최고의 성취 순간에 대해 조금 더 자세히 적어 본다.

어떤 일이 일어났는가? 무엇을 했는가? 최고의 성취 순간이 일어나는 데 어떤 요소가 기여했는가? 어떤 요소가 성취로 이어졌는가? 이런 것들을 포스트잇 한 장에 하나씩 적어 본다.

성취의 순간 경험을 모아 보면 공통 요소가 나타난다. 이것도 포스트잇에 하나하나 적는다. 그리고 그 내용을 일어난 순서대로 순차적으로 배열해 본다. 이를 들여다보면 어떤 과정으로 최고의 성취 순간이

영업 소스 발굴
핵심 영업 사이트와 가망 영업 고객을 소개받고, 고객과 연결되는 접점을 발굴한다.

신뢰 확보를 위한 고객 대응
고객이 원하는 것을 빠르게 제공하고 요청 사항에 성심성의껏 대응한다.

사전 정보 정리
고객에게 제시할 구축 방안이나 제안 사항을 미리 정리해 둔다. 그래야 신뢰가 쌓이고 성공 확률이 높아진다.

핵심 이슈 해결
반드시 해결할 핵심 이슈를 가능한 한 빨리 파악하고 해결한다. 넘어야 할 난관을 빨리 발견해서 해결하는 것이 성공의 핵심이다.

빠른 도움 요청
도움이 필요할 때, 빠리 도움을 줄 수 있는 사람을 찾아 도움을 받는다.

고객과 관계 지속
개인 접촉을 계속 유지하고, 사소한 문제를 해결하면서 신뢰를 쌓아간다.

<S차장의 성공 공식>

나타났는지를 파악할 수 있다. 자신만의 성공 시스템을 만들 수 있는 성공 공식이 조금씩 모습을 드러낸다.

포스트잇으로 표현한 앞의 사례는 IT 서비스 기업에서 기술 영업을 하는 S차장이 만든 성공 공식이다. 자신의 최고의 순간을 떠올려보며 그것을 기록해 자신만의 성공 공식을 만든 것이다. 이렇게 정리하고 나니 자신이 어떻게 해서 최고의 성취를 이뤄냈는지 눈으로 확인할 수 있었다. 이제는 자신만의 방식이 세상에서 통할 수 있는지를 객관적으로 검증해야 할 때다.

세 번째로, 만들어진 성공 공식이 제대로 작동하는지를 점검해 볼 차례이다.

S차장은 새로운 고객을 만날 때면 성공 공식을 자신만의 체크리스트(CheckList)로 활용한다. 무엇을 준비해야 할지를 점검해서 실수를 줄인다. 어떤 상황에서도 핵심이 무엇이고, 현재 수준이 어떤 단계에 있는지를 명확하게 파악한다. 자신만의 영업 프로세스와 노하우가 체계적으로 정리된 것 같아 자신감이 생긴다. '아, 이런 식으로 하면 더 좋겠네' 하는 생각이 자연스럽게 든다. 업그레이드할 방법까지 신기하게 눈에 들어오기 시작한다.

과거에 S차장은 다른 사람에게 도움을 요청하는 일에 머뭇거리기도 하고 거부감이 있었다. 그러다 기회를 놓친 적도 있었다. 자신의 성공 공식을 만든 후 살펴보니, 자신의 부족함을 보완하기 위해 도움을 요청하는 것이 성공 확률을 높인다는 점이 분명해졌다. 이제 필요할 경우 빠르게 도움을 요청하는 일도 거부감 없이 쉬워졌다.

S차장은 성공 공식을 만들고 생각지도 못한 부분에서 기대감이 생겼다. 내가 어떻게 성취를 이루었는지 훗날 아이들에게 명확하게 이야기해 줄 수 있을 것 같았다. 지금 그는 성공 공식을 통해 나다운 삶의 자서전을 미리 쓰고 있는 중이다.

정철민 코치의 *One Point Coaching*

당신이 하는 일에서 최고의 성취 순간에 어떤 일이 일어났는지를 떠올려 보세요. 그것을 포스트잇에 적어보고 순서대로 배열해보면, 당신만의 성공 공식을 만들 수 있습니다.

나만의 '감'을
성공 시스템으로 :
차별화된 노하우 만들기

C대표의 영업에 대한 '감'은 남달랐다. 수주 신호를 귀신같이 잡아냈다. 이번 건이 될지, 안 될지 언제나 '감'이 왔다. 어떻게 계약을 해야 할지에 대한 자신만의 '감'을 가지고 있었다.

이런 '감'으로 회사를 여기까지 끌고 왔다. 하지만 사업이 확장되며 직원 수가 늘어나고 회사의 규모가 커지면서 한계에 부딪혔다. 체계적인 시스템이 필요했다. 한데 어떻게 시스템을 만들어야 할지 도대체 '감'이 오질 않았다. '감'이 아닌, 더 체계적이고 구체적으로 성공할 수 있는 방법을 찾아야 했다. 자신에게 적용할 수 있을 뿐만 아니라 회사 전체를 통해 입증될 성공 프로세스를 구축하고 싶었다.

코치는 먼저 C대표에게 최고의 성취 순간을 떠올리게 했다. '감'이 뛰어난 그가 최고의 성취 순간을 떠올리는 것은 그리 어려운 일이 아니다. 담담하게 최고의 순간을 떠올렸다. 그때 어떤 일이 일어났는지를 적어 보았다. 직접 영업을 하면서 경험한 최고의 성취 순간에 일어난 일들을 포스트잇에 적어 붙였다.

조금 멀찌감치 떨어져서 붙여 놓은 포스트잇을 보았다. 어떤 일련의 순서가 눈에 들어왔다. 포스트잇을 일어난 사건의 순서대로 다시 배치했다. 어떤 공식이 만들어진 듯했다. 그동안 '감'에 의존하던 방식이 '가시화(可視化)'되는 순간이었다.

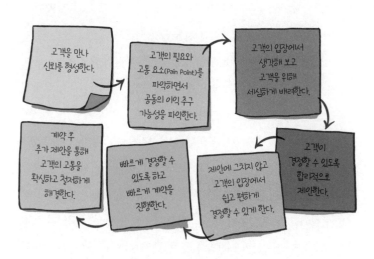

<C 대표의 7단계 성공 프로세스>

신기하게도 대부분 성공한 영업 사례가 동일한 패턴대로 움직였다. 각각의 최고의 순간들을 생각해 보면, 그때마다 유사한 반복적인 성공 패턴이 나타났다.

C대표는 이 패턴에서 벗어났을 때 실패했다는 것을 새삼스럽게 깨달았다. '성공 패턴'이 어떤 상황에서 어떻게 행동해야 할지를 명확하게 알려주는 기준점이라는 사실을 새롭게 인식할 수 있었다.

드디어 '감'에 의존하던 방식이 성공 패턴에 기반한 '7단계 성공 프로세스'로 정리되었다. 이 입증된 과정을 시스템으로 만들면 영업 성공률을 높일 수 있다.

"지금 포스트잇을 보니, 의식하지는 않았지만 저도 모르게 매번 이런 방식으로 영업을 진행했다는 것을 알게 되네요."

C대표는 최고의 성취 순간을 성찰하면서 자신이 해오던 방식을 눈으로 확인할 수 있어 만족스러워했다. 그동안의 성공 경험을 어떻게 체계적인 시스템으로 만들지 드디어 '감' 잡은 표정이었다.

C대표는 이 성공 공식을 영업에 의식적으로 적용하기 시작했다. 성공 공식대로 움직일 경우 프로젝트가 성공하리라는 확신이 커졌다. 실패하는 경우는 공식대로 움직이지 않은 경우다. 언제, 어떻게 프로젝트가 실패로 갈 수 있는지, 이제 명확하게 인식할 수 있게 되었다. 이때는 프로젝트 진행 상황을 점검하고, 어떻게 다시 성공 공식으로 돌아갈 수 있는지를 검토하여 빠르게 실행하면 된다.

'감'에 의존하던 C대표, 성공의 프로세스를 인식하자 그는 이 프로세스를 어떻게 회사 조직에 맞게 체계화하고 적용할지 고민했다. 또한 성공률을 높이기 위해서는 무엇보다 개인과 조직이 함께 서로의 강점을 존중하고 신뢰하며 시너지를 내는 것이 중요하다는 사실도 알게 되었다.

직원들이 개인의 강점에 따라 역량을 끌어올리도록 도우며 동시에 회사 차원에서 성공 공식을 체계화하는 것, 이것이 바로 성공적인 기업으로서 차별적인 노하우와 정체성을 확립하는 길이었다.

이제 확실히 감 잡았다.

정철민 코치의 *One Point Coaching*

긍정적이고 생산적인 결과를 만드는 데 반복되는 일련의 과정이 있다는 것을 인식하고 있나요?
자신의 성공 공식을 만들어 보세요.
자신의 성공 공식을 지속적으로 업그레이드해 보세요. 그것을 통해 당신만의 차별적인 노하우나 입증된 성공 프로세스를 구축할 수 있습니다.

CHAPTER 6

최고의 나로 살기 위한 솔루션

AI 시대에 어울리는
'나 맞춤형'
울트라 초특급 자기 계발

새해가 되면 어김없이 계획을 세운다. 첫째 영어 공부, 둘째 다이어트, 셋째 자격증 취득. 결과에 상관없이 그다음 해에도 계획을 세운다. 영어 공부, 다이어트, 자격증 취득. 어떤 해에는 그 순서가 조금 달라지기도 한다. 다이어트, 자격증, 영어.

습관적인 계획 세우기의 역사와 전통은 꽤 깊다. 초등학교 때 방학이면 생활 계획표를 만들었다. 커다란 동그라미를 그리고 피자 조각 같은 칸에 할 일을 적어 넣는다. 민족중흥의 역사적 사명을 띠고 이 땅에 태어난 당시 어린이들은 무엇이라도 해야만 했다. 하지만 구체적으로 무엇을, 어떻게 해야 할지 몰랐다. 밥 먹기, 숙제하기, 놀기, 씻기, 꿈나라 등. 남들이 하는 대로 적어 놓았다. 그러다 보니 여전히 남들 다하는 영어 공부, 다이어트, 자격증 취득을 순서만 바꿔 놓고 매달리게 되었을까.

나만 그런 건 아니었다. 친구 따라 강남 가듯 영어 학원에 등록하고, 연예인 다이어트를 시작하고, 유행하는 자격증 목록을 들여다보며 '막무가내 자기계발'을 '묻고 더블로' 가던 시절이었다. 뭔가 답답하기도 했지만 이런 방식이 통하기도 했다. 마치 박카스 한 병을 마시고 청춘이 살아나듯 잠시지만 뭔가 발전하는 기분도 들었고 그렇게 우리는 성장했다.

하지만 언제까지 그래야 할까? 성장을 위한 자기 계발 마저 우르르 남들을 따라갈 필요가 있을까? 나의 발전을 위한 목표와 방향이 남들과 같을 필요가 있을까? 도돌이표처럼 매번 똑같이 다시 시작하는 자기 계발이 아닌 내게 맞춤하여 지속할 수 있는, 발전적인 자기 계발은 없을까?

강점 코칭을 하며 개개인이 자신의 강점을 알아차리고 이를 목표와 연결하여 계발하고 성장시킬 때 얼마나 큰 시너지를 내는지 익히 봐왔다. 작은 실천이라도 강점을 기반으로 할 경우 실제 커리어와 만족도에서 남다른 결과를 가져온다. 그렇기에 자기 계발도 개개인의 특성에 맞게 달라져야 한다고 생각한다. 그래야 나다운 나로 성장이 이뤄진다. 나의 강점을 기반으로 목표를 세우고, 체계적이고 지속적인 나선

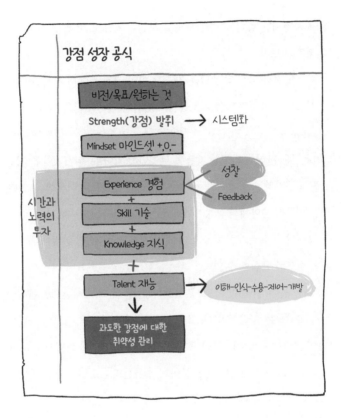

강점 성장 공식

비전/목표/원하는 것

Strength(강점) 발휘 → 시스템화

Mindset 마인드셋 +,0,-

Experience 경험 → 성찰 / Feedback
+
Skill 기술
+
Knowledge 지식

시간과 노력의 투자

+

Talent 재능 → 이해-인식-수용-제어-개발

↓

과도한 강점에 대한 취약성 관리

형 성장이 일어나도록 하는 AI 시대에 어울리는 울트라 초특급 슈퍼 자기 계발이 필요하다!

많은 사람이 공식을 좋아하기에, 강점에 기반한 개인별 맞춤 성장을 위한 '강점 성장 공식'을 만들어 보았다. 성장 공식의 구체적인 내용은 아래에 좀 더 자세하게 설명할 예정이니, 이 공식에 대입하여 자신의 자기계발 방식을 평가해 보고 자신이 제대로 하고 있는지 수시로 점검해 보자.

'강점 성장 공식'의 출발은 자기가 이미 가진 것에서 시작한다. 어린 시절부터 가지고 있었고 조금씩 드러나기 시작한 나의 '재능'과 '강점'이다.

우선은 자신이 타고난 재능이 무엇인지 알아야 한다. 재능은 자연스럽게 생각하고 느끼고 행동하는 반복적인 패턴으로 이해할 수 있다. 강점은 특정 분야에서 긍정적이고 생산적인 결과를 지속해서 낼 수 있는 능력이다. 시간과 노력을 들여 관련 지식, 스킬, 경험을 쌓아야 재능을 강점으로 발휘할 수 있다.

예를 들어, 한 번만 봐도 데이터나 사람들이 어떤 패턴으로 움직이는지 파악하는 사람이 있다. 그는 분석에 대한 재능을 타고난 사람이다. 이 사람이 빅데이터 분석에 대한 지식, 기술, 경험을 쌓았다고 치자. 그렇다면 그는 빅데이터 분석 분야에서 자신의 타고난 재능을 기반으로 탁월한 결과를 내는 강점을 지닌 사람이 될 수 있다.

내가 이미 가지고 있는 재능과 강점이 무엇인지 제대로 이해하면, 그동안 무의식적으로 나타났던 재능과 강점을 '의식적인' 자기 계발의 단계로 끌어올릴 수 있다. 그것은 깊이 감춰진 우물물을 길어내듯, 이미 내 안에 감춰져 있는 그 보석을 끄집어내서 강점으로 빛나게 하는 의식이다.

나에게 없는 것, 남들이 가진 것을 부러워하고 그것을 구하다 보면 시간만 낭비한다. 내가 타고난 재능과 강점에 대한 분명한 자기 이해가 있어야 한다. 그래야 이미 내가 가진 엄청난 빅데이터를 제대로 활용하는 'AI 시대의 성장형 자기 계발'이 시작된다. 재능과 강점을 기반으로 자기 이해, 자기 인식, 자기 수용, 자기 제어, 자기 계발의 초석을 다지는 수련의 길에 들어서야 한다.

재능을 통해 강점을 개발하는 방식은 선천적인 요소에 해당한다. 강점을 개발하는 데 필요한 후천적인 요소에 대한 설명은 다음 장에 이어진다.

정철민 코치의 *One Point Coaching*

'강점 성장 공식'에 당신이 현재 진행하고 있는 자기 계발 방식이나 현재 상황을 대입해 보세요.
당신이 잘하고 있는 부분과 취약한 부분은 무엇인가요?

성덕의 경지에
오르기
위해서는

어떤 사람들은 타고난 재능만으로는 아무런 소용이 없다고 말한다. 이들은 신중하게 계획된 연습(Deliberate Practice)만이 중요하다고 이야기한다. '1만 시간의 법칙'과 같이 꾸준하고 집중적인 노력과 시간 투자가 탁월함을 이끄는 요인이라고 한다.

다른 한편으로 노력과 시간을 투자하더라도 재능이 없으면 별 소용이 없다는 주장도 있다. 이들은 신중하게 계획된 연습도 재능이 바탕이 되지 않으면, 어떻게 축구 스타 메시나 호날두 같은 수준의 탁월함에 이를 수 있겠느냐고 반박한다.

어느 쪽의 주장이 맞는 것일까?

검은 고양이든, 흰 고양이든 쥐만 잘 잡으면 된다. 누가 뭐라 하든 나에게 맞는 것이 가장 중요하다. 타고난 재능과 강점만 있다고 잘되는 것도 아니고, 배움과 노력만 있으면 된다고 해도 허무하다. '재능과 강점'을 기반으로 '원하는 목표'와 연결된 배움과 노력, 시간 투자가 있을 때, 도돌이표가 아닌 강력한 나선형 성장이 일어난다.

영어 공부, 다이어트, 자격증 취득이라는 자기 계발 종목도, 내가 가진 재능을 살리면서 확실히 '내가 원하는 것'과 연결된다면 괜찮다. '내가 원하는 것'에 도달하기 위한 지식(Knowledge), 스킬(Skill), 경험 (Experience)을 쌓는 일과 관련되어 있다면 말이다.

강점이 발휘되기 위해서는 반드시 지식, 즉 아는 게 필요하다. 책을 통해서든, 유튜브를 통해서든, 학교나 선배를 통해서든 뭐든 좋다. 기본적으로 공부를 해야 한다. 물론 내가 '원하는 것'과 '나의 재능'을 활용할 수 있는 관련 지식이어야 한다.

쌓은 지식을 실제 손과 발로 직접 해보고 결과를 내는 것이 스킬이다. 스킬이 있어야 '뭔가 좀 하네'라는 소리를 들을 수 있다. 스킬이 없으면 명함을 못 내미는 세상이다. 장인의 손끝 기술이 있어야 세상을 감동하게 하는 작품이 탄생한다.

다음 요소는 바로 경험이다. 판에서 뒹굴어 봐야 그 판이 어떻게 돌아가는지를 알 수 있다. 계절이 지나야 열매가 영글고 뜸이 들어야 밥이 되는 것처럼, 경험이 쌓여야 뭔가를 좀 아는 수준에 도달한다.

달인은 타고난 재능을 바탕으로, 원하는 목표를 가지고, 지식과 스킬, 경험의 장에서 땀방울을 낼 때야 만들어진다. 성공의 경험과 실패의 경험까지. 경험이란 경험은 모두 목표를 향해 나아가는 값진 재료들이다.

누가 뭐래도 요즘은 '덕업 일치'의 시대이다. '성덕'들은 처음에는 자신의 재능이 뭔지도 모르고 시작한다. 그냥 좋아서, 끌려서 하다 보니 어느새 "잘한다"는 소리를 듣는다. 그 와중에 여기저기 찔러 보며 오지랖을 넓힌다. 초보 덕후들을 돕기도 하고, 사람들을 끌어모으면서 재미, 의미, 돈이 따르는 경험을 한다. 이런 경험을 통해 남들은 따라오지 못하는 경지에 이른다. 일설 일필로는 다 풀어놓을 수 없는 지식, 스킬, 경험이 쌓이면서 마침내 '성덕'의 반열에 오른다. 그런데 어떻게 '성덕'이 될 수 있냐고?

으음, 일단 뭐라도 해보길 바란다. 끌리는 것이 있다면 더 좋고.

 정철민 코치의 One Point Coaching

당신에게 자연스럽게 끌리는 일은 무엇인가요?
그것에 대해 어떻게 지식, 스킬, 경험을 쌓는지 살펴보세요.
그것이 어떤 결과로 이어지고 있는지 되돌아보세요.
조금씩 '성덕'의 길로 들어서고 있는 자신을 발견할 수 있을 것입니다.

내가
원하는 것을 향해
쏴라

자기 계발에서 가장 중요한 요소는 무엇일까? 무엇보다도 '자신이 원하는 것이 무엇인지 분명히 아는 것'이다. 누구는 이것을 '목표', '비전', '꿈', '열망'이라고 한다. 다른 이는 '바람직한 결과', '원하는 것'이라고도 한다. 뭐라고 해도 좋다.

자신이 진정으로 원하는 것이 무엇인지를 분명히 알아야 성장한다. 그것을 종이에 쓰거나 명확히 말로 할 수 있다면 100점이다. 활을 떠난 화살은 과녁이 필요하듯, 자기 계발에 매진하는 우리도 '원하는 목표'가 분명해야 한다.

여기서 한 가지 짚고 넘어가야 할 것이 있다. 자기 계발을 이야기하는 사람들은 '미래를 상상하고 목표를 명확히 세우라'고 조언한다. 물론 이것은 자기 계발의 기본이고 맞는 말이다. 하지만 어떤 이들에게는 이 방식이 적합하지 않을 수도 있다는 것을 그동안 코칭 경험을 통해 알게 되었다.

특히 생각의 방향성이 '미래'보다는, '현재'나 '과거'에 있는 사람들에게 '미래에 대한 목표를 명확히 세우라'는 조언은 받아들이기 쉽지 않고 실효성도 거의 없다.

미래를 상상하고 목표를 세우는 일이 실제 목표 달성에 도움이 되는 사람의 비중은 전체의 20~30퍼센트 정도이다. 나머지 대부분의 사람은 '미래의 목표'를 세우는 일이 몸에 맞지 않는 옷을 억지로 끼워 입은 것처럼 어색하고 힘들다. 뇌세포의 연결이 미래를 상상하며 이뤄지기보다. 현재에 집중하거나 과거에 일어난 일에 기반을 두고 있기 때문이다. 이런 사람들은 오히려 '미래의 목표'보다는 '현재의 만족감'이나 '자신이 중요하게 여기는 가치', 그리고 '과거의 성취 경험'에 집중할 때 에너지가 생긴다. 그것을 기반으로 원하는 것을 끌어낼 때 성공의 확률이 높아진다.

당신은 어떤 유형인가? 미래의 목표를 설정하고 그것을 통해 에너지를 얻고 성취감을 느끼는 유형인가? 아니면 현재 하는 일에 열중하고 만족하는 유형인가? 또는 자신의 굳은 신념과 가치에 따라 움직일 때 동력을 얻고 보람을 느끼는가?

생각의 방향에 따라 '원하는 목표'를 세우는 방식을 조금씩 조정할 필요가 있다. 시점은 다르더라도 모두 '원하는 것'이 있다는 점은 분명하다. 자신에게 맞게 '진정으로 원하는 것'이 무엇인지 파악하는 것이 바람직하다. 사람마다 성향이 다름을 고려해 조정할 때, 자기 계발의 성공률을 높일 수 있다.

물론 단순히 '원하는 것'이 있다고 자동으로 이루어지지는 않는다. '원하는 것'과 자신의 재능과 강점을 어떻게 연결할 것인가에 대한 고민이 필요하다.

 정철민 코치의 *One Point Coaching*

사람마다 생각의 방향에 따라 '원하는 것'에 대한 시점이 다를 수 있습니다.
반드시 미래 목표를 잡아야 할 필요는 없습니다.
시점과 관계없이, 자신이 진정으로 원하는 것이 무엇인지 생각해 보세요.

강점 성장 공식을
완성하는
'마인드셋'

'강점 성장 공식'의 마지막 중요한 요소는 마인드셋(Mindset)이다. 마인드셋은 상황과 환경을 보는 마음가짐과 믿음, 태도라고 할 수 있다. 무슨 일이든 사람 마음먹기에 달렸다는 말처럼, 어떤 마인드셋을 가지느냐에 따라 얼마나 나답게 강점을 개발하여 결과를 내는지가 달라진다. 성장의 확실한 필수 요소라 할 수 있다.

지속적인 나선형 성장을 이루기 위해 특히 중요한 것이 바로 '성장 마인드셋'(Growth Mindeset)이다. 스탠퍼드대학 심리학과 캐럴 드웩(Carol Dweck) 교수가 주창한 성장 마인드셋은 '사람의 지적 능력은 고정된 것이 아니라 지속적으로 향상될 수 있다고 믿는 마음가짐'이다.

성장 마인드셋의 반대는 '고정 마인드셋'(Fixed mindset)이다. 이는 '사람의 능력이나 지적 능력은 타고나는 것이고 변화하기 어렵다고 믿는 태도'를 말한다.

마인드셋이 어떠한가는 개인의 성장뿐만 아니라 개인이 모여 일하는 기업의 성장에도 엄청난 영향을 미친다. 그래서 요즘은 많은 기업이 실패를 두려워하지 않고 성장에 대한 열린 마음을 갖도록 하는 '성장 마인드셋'을 북돋운다. 때로는 실패를 격려하기도 한다. 빨리 실패를 통해 배우고 나아가 도전하라는 분위기다.

반면에 실패는 무조건 하면 안 되는 것이고 실패하면 잘못된 것으로 받아들여 많은 이가 실패에 대한 두려움을 갖도록 하는 쪽도 여전히 많다. '성장 마인드셋'이 아닌 '고정 마인드셋'에 초점을 두기 때문이다. 그러다 보니 강점보다 약점에 더 집중하게 되는 악순환이 생긴다.

마인드셋이 제대로 장착되어야 사람은 기꺼이 몰입하고 행복감을 느낀다. 그리고 그것을 통해 세상을 섬기는 자기다움을 드러낼 수 있다. 제대로 된 마인드셋을 가지고 몰입하고 행복하게 세상을 섬기면서 다른 사람들을 기쁘게 할 때 바로 그곳이 천국과 같은 곳이 된다.

마인드셋에는 플러스(+), 제로(0), 마이너스(-)와 같은 부호가 붙는다. 마인드셋의 부호가 '플러스(+)'일 때는 나와 다른 사람 모두를 이롭게 한다. 자신의 재능과 강점을 통해 세상을 이롭게 하고 다른 사람들을 도울 때가 여기에 해당한다. '배워서 남 주자'와 같이 섬기는 마인드 셋을 가진 사람은 플러스(+)부호를 갖는다.

'제로(0)'일 때는 제로섬 게임과 같다. 빼앗든지 빼앗기든지 둘 중 하나로, 생존 게임이다. 나만 잘되면 된다는 생각, 내 자식만 잘되면 된 다는 생각이 여기에 해당한다. 저 사람이 잘되면 내가 불행해진다는 마 인드셋은 제로(0)부호를 갖는다.

마인드셋이 '마이너스(-)' 상태일 때는 심각하다. 궁극적으로 자신 과 다른 사람 모두 유익하지 않다. 내가 성공하기 위해서 다른 사람들 을 희생시킨다. 지금 자신의 영달을 위해 사회나 미래 세대가 어떻게 되든 상관하지 않는 정치인. 사리사욕을 위해 부정을 저지르더라도 상 관없다고 여기는 사람들. 궁극적으로 자신과 다른 사람 모두에게 유익 하지 않은 마이너스 마인드셋을 가진 이들이다.

나답게 산다는 것은 이기적으로 산다는 뜻이 아니다. 나다움을 통 해 내가 기쁨과 활력, 그리고 에너지를 내고, 그것으로 다른 사람들을 이롭게 하는 것을 의미한다.

'강점 성장 공식'의 다른 요소가 아무리 강력하고 좋더라도, 마인드 셋이 '제로(0)'거나 '마이너스(-)'면 꽝이다. 특히 마이너스 마인드셋이 면, 아무리 재주가 좋고 강점으로 성장하더라도 다른 사람이나 공동체 에 부정적인 영향을 미칠 수 있다. 히틀러나 범죄자같이 자기 파괴적인 사람들의 마인드셋이 그렇다.

강점이 발휘되는 지속적인 나선형 성장에서 마인드셋이 제대로 장착되어야 '화룡점정'(畵龍點睛)을 찍는다.

'성장할 수 있다는 믿음', '실패를 통해 배울 수 있다는 자신감', '모든 것으로부터 배우고 학습한다는 겸손한 태도', '원하는 것에 집중하고 이미 그것을 가졌다는 긍정적인 믿음', '다른 사람들을 돕고 싶다는 따뜻한 마음'. 이런 것들이 원원 게임을 만드는 '플러스(+)' 마인드셋이다.

마인드셋은 이렇게 다른 강점 성장 요소와 결합하여 강력한 '강점 성장 공식'을 완성하는 요소다. 이것은 이번 인생 시험에 꼭 나온다. 반드시 외워 두자.

정철민 코치의 *One Point Coaching*

강점 성장 공식에서 마인드셋이 중요합니다. 플러스(+), 제로(0), 마이너스(-) 값에 따라 자신과 주변에 긍정적이거나, 부정적인 영향을 줄 수 있다는 점을 생각해 보세요.

'아무거나'는
아무것도
이뤄 주지 않는다

직장인들에게 인기 있는 점심 메뉴는 '아무거나'이다. 무엇을 먹을지 생각하는 게 때로 귀찮기도 하고, 특히 다른 사람과 함께 있을 때는 메뉴에 대한 고민이 더 깊어진다. 그래서 '아무거나'가 최선의 메뉴가 된다.

진짜로 원하는 것을 추구할 때 겪을 수 있는 내적, 외적인 감정 소모의 어려움을 최소화하고자 무의식이 작동해서 그런 것은 아닐까? 어떤 때에는 자신이 원하는 것보다 원하지 않는 것에 집중하는 것이 더 자연스러워 보인다.

"지금 진정으로 원하는 것이 무엇인가요?"

코치로서 십 년 넘는 경험을 통해 알게 된 사실이 있다. 많은 사람이 자신이 원하는 것이 무엇인지 정확하게 알지 못한다는 사실이다. 자신들이 원하는 것을 이야기하더라도 대부분 '가짜 원함'일 가능성이 높다. 더 깊게 질문하면서 진정으로 원하는 것을 함께 탐색하기 시작하고 나서야 '가짜 원함'이 '진짜 원함'으로 바뀐다.

"아, 제가 원한 것이 바로 이거였군요."

자신이 진정으로 원하는 것을 그제야 발견하고 기뻐한다. 깊이 재차 되묻지 않고서는 자신이 진정 가슴 뛰게 원하는 것이 무엇인지 잘 모르는 것이 현실이다.

외국의 유명한 코치가 한국을 방문해서 워크숍을 진행했다. 참가자 중 한 사람이 고객 역할을 맡았다. 코치가 그 사람에게 물었다. "당신이 원하는 게 무엇인가요? What do you want?" 그러자 고객 역할을 맡은 사람이 자신이 원하는 것을 이야기했다. 세심하게 듣고 난 코치가 다시 물었다. "당신이 원하는 게 무엇인가요? What do you want?" 고객은 코치가 자신이 한 말을 못 알아들은 줄 알고 더 자세히 자신이 원하는 것을 설명했다. 다시 코치가 부드럽게 질문했다. "당신이 진짜 원하는 게 무엇인가요? What do you really want?" 그러자 고객 역할을 맡은 이가 갑자기 울음을 터뜨렸다.

짧은 순간이었지만 고객은 자신이 말한 것이 진정으로 자신이 원한 것이 아님을 깨달은 듯했다. 지켜보던 나도 알게 되었다. '내가 진짜 원하는 것을 나 자신이 모를 수 있구나!'

왜 사람들은 진정으로 가슴 뛰게 원하는 것을 알지 못할까? 자신이 무엇을 원하는지 생각하기를 잊은 것은 아닐까? 진정으로 원하는 것을 생각해 보고 갈망했지만, 실제 손에 잡아 본 경험이 많지 않기 때문일까? 소망하고 기대했지만 오히려 실망한 경험이 많아서 그런 것일까?

진정으로 가슴 뛰게 원하는 것을 상상하지만 현실의 벽이 너무 크게 느껴지는가? 원하는 것을 품고 있지만, 과연 언제 얻을 수 있을지 아직 확신이 없나? 원하긴 하지만 진정으로 원하는 것이 이루어지는 것은 항상 다른 사람의 이야기로만 생각되나?

진정으로 원하는 모습을 상상하고, 그 원하는 것이 실제로 이미 성취되었다고 느끼고 감사할 때 강점이 자연스럽게 발휘될 기회가 생긴다. 강점이 발휘되어 최고의 성취 순간을 경험할 가능성이 커진다.

많은 사람이 원하기는 하지만, 현실의 상황 때문에 진정으로 자신이 원하는 것을 생각하기를 접는다. '이번 생에는 글렀어'라며 아예 생각조차 하지 않으려는 경우가 많다. 실망하고 싶지 않아서, 실패하고 싶지 않아서. 누군가 "도전해 봐. 할 수 있어"라고 말해도 "뭔 소리야. 하마터면 열심히 할 뻔했네"라며 자조한다.

"현실이 녹록지 않아요"라며 안 되는 현실적인 이유를 더 많이 생각한다. 물론 '현실'을 무시할 수는 없다. 이를 인정하면서도 '안 되면 어떻게 하지, 실패하면 어떻게 하지' 하며 걱정하는 것 또한 다른 현실임을 자각해야 한다. 이렇게 매여 있는 현실 때문에 강점이 발휘될 기회를 놓치고 만다. 안 된다고 하니까 결국 안 되게 된다.

"진정으로 원하는 것 좋죠. 해봤어요. 하지만 실망과 좌절뿐이에요." 이런 생각이 더욱 현실에 안주하게 한다. 원하지 않는 일이 일어날까 봐 걱정하면서 어쩌면 핑곗거리를 찾느라 나의 약점에 집중한다. 진정으로 원하는 것은 생각하지 않고, 원하지 않는 일에 집중하는 것이 강점 발휘의 최대 장애물이다.

과거에 일어난 최고의 성취 순간을 떠올릴 때, 자신감과 에너지가 생긴다. 원하는 것이 성취되는 순간을 상상하는 데 이를 적용해 보자. 목표에 도달하고, 진정으로 원하는 것이 이미 이루어진 상상을 해보라. 미래를 상상하기 어렵다면 현재 내가 원하는 모습이 무엇인지 구체적으로 상상해보라. 그 상상한 모습이 이미 내 것이 되었다고 충분히 느껴 보라.

돈이 드는 일도 아니다. 복권 한 장으로 1주일 동안 행복감도 느끼는데 이쯤이야 못할 일도 아니지 않은가? '미래의 최고 성취 순간' 또는 '현재 원하는 모습'을 상상하고 이미 이루어졌다고 생각하면 새로운 열정이 솟아난다. 에너지가 생기고 강점이 발휘되기 시작한다. 신바람이 난다.

작은 겨자씨가 큰 나무가 된다. 농부는 자신이 진정으로 원하는 것이 무엇인지 명확히 알고 있고, 성취된다는 확고한 믿음이 있기에 언 땅을 일궈 씨앗을 심을 수 있다.

정설민 코치의 *One Point Coaching*

당신이 진정으로 원하는 것은 무엇인가요?
그것을 구체적으로 생각하고 상상해 보세요.
그리고 그것이 이미 이루어졌다고 생각해 보세요.
기분이 어떤가요? 힘이 생기고 에너지가 충전되나요?

완벽함을
위한
실패

　한 대기업 연구소의 선행기술개발 연구원 A책임. 그는 자신의 커리어를 어떻게 개발해야 할지에 관심이 아주 많다. 지식과 스킬을 쌓는 자기 계발 활동에 열심이다. 칠십 세까지 일하는 마스터로, 수준 높은 품격을 가진 전문가로 살길 원해서 나에게 코칭을 받고 있다.

　A책임의 강점을 분석해 보았다. 선행기술개발 엔지니어로 타고난 재능이 있었다. 기술의 원리를 깊이 이해하고 적용하는 것부터, 팀원들의 성향과 특성에 맞춰 프로젝트를 어떻게 효과적으로 이끌어야 할지 잘 알고 있었다. 타고난 재능을 긍정적으로 잘 사용하는 사람이었다. 무엇보다도 책임감이 뛰어났다. 자신이 하기로 한 일, 맡겨진 일에 대해서

는 집요할 정도로 책임감을 느끼고 완수하려 했다.

그는 지금까지 자신의 분야에서 강점을 잘 발휘하고 있었다. 앞으로도 성장할 것이 틀림없어 보였다. 하지만 뭔가 빠진 것 같다는 생각이 들었다.

"지금까지 어떤 프로젝트들을 했나요?"

그가 수행했던 프로젝트는 모두 다 성공적이었다. '강점 성장 공식'에 대입해 보면, K책임은 뚜렷한 목표 의식이 있고, 타고난 재능을 가졌고, 후천적으로 습득한 지식과 기술, 경험이 충분했다. 대학원 졸업 이후, 지속해서 자신의 업무와 관련된 중요한 지식과 스킬을 다양한 방식으로 업그레이드해 왔고, 성장하고자 하는 마인드셋도 강력했다.

다만 지금까지 자신의 능력으로 충분히 인정받고 성공할 만한 프로젝트만 했던 것이 문제였다. 이것이 성장의 장애 요인이 되었다. 강점을 발휘해서 몰입하고 성취감을 느끼며 성공을 경험하는 일은 매우 중요하지만 A책임에게는 그 이상이 필요했다.

A책임이 가진 강점 중 하나는 '최고를 향한 추구'였다. 이 강점은 더 높은 수준의 목표를 추구한다. 다른 강점들을 더 강력하게 밀어 주는 터보 엔진 같은 역할을 한다. 하지만 그가 가지고 있는 '최고를 향한 추구'라는 강점은 실패가 예상되면 아예 도전하지 않으려는 특성이 있다. A책임은 지금까지 자신도 모르게 실패할 만한 프로젝트에 발을 들여 놓지 않았다.

"지금과는 다르게 자신의 능력으로 감당하기 어려운 프로젝트에 도전해 보세요. 그리고 가능하다면 실패를 각오하고 해보세요."

A책임이 돌파해야 할 과제는 '실패를 경험하라'였다. 그것도 지금까지 하지 않은 프로젝트를 맡아서 실패할 각오를 하고 도전해 볼 것을 권했다. 누가 실패를 달가워하겠는가? 일부러 실패하는 것도 쉽지 않다.

A책임은 마침 자신에게 감당하기 버거운 어떤 프로젝트를 두고 고민 중이었다. 맡고 싶지 않았지만 맡아 보기로 했다. 그리고 결국 실패했다. 한 번만 실패한 것이 아니라 연거푸 두 번, 큰 프로젝트를 맡아 실패했다. 그는 그 과정에서 좌절을 맛보고 많이 위축되기도 했다. 지금까지 인정만 받던 사람이 실패를 거듭하니 당황하고 견디기 어려웠을 것이다. 하지만 실패를 해야 진짜 배움이 일어난다.

사람은 실패를 잘 인정하지 않으려 한다. 실패를 받아들이는 것이 자기 존재를 부인하는 것처럼 여겨지기 때문이다. 나 역시 코칭을 하며, 실패의 기억과 경험을 끄집어낼 때 힘들었다. 실패 경험을 떠올리는 일은 누구에게나 어렵기 때문이다. 힘이 빠지고 신이 나지 않는다. 하지만 반드시 넘어야 할 산이라면 넘어야 한다.

A책임과 함께 힘을 내서 실패의 원인을 되짚어 보았다. 지금까지 경험해 보지 않던 기술을 적용하기 위해서 새로운 협력 파트너가 필요했고, 함께 일하는 게 익숙하지 않다 보니 이들과 손발이 맞지 않았다.

소통 방식도 다르고, 프로젝트를 진행하는 방식도 달랐다. 끝도 없는 네 탓, 환경 탓에 빠질 수도 있었다.

A책임은 실패를 통해 배우는 데 집중했다. 비록 실패했지만, 자신이 진정으로 원하는 것이 무엇인가를 생각하고 그것에 집중하는 데는 실패하지 않았다. 서서히 자신감도 다시 회복되었다.

실패를 경험한 이후, A책임이 맡은 프로젝트의 스케일과 기술의 깊이가 한 차원 높아졌다. 그에게는 실패를 통해 지금까지 경험할 수 없었던 통찰력과 지혜가 생겼다.

비록 두 번의 프로젝트에는 실패했지만 장기적인 커리어 전장에서 패배한 것은 아니었다. 네트워크가 넓어지고 기술의 폭과 깊이, 안목이 달라졌다. 점점 그가 원하던 마스터 수준의 품격으로 올라서고 있었다. 더 큰 그릇을 만들기 위한 실패였다. A책임에게 가장 큰 배움이자 위로였다.

정철민 코치의 *One Point Coaching*

당신은 실패를 어떻게 받아들이나요? 가장 힘든 실패가 무엇이었습니까?
그 실패를 통해 무엇을 어떻게 배웠나요?

실패에 대한
두려움을
두려워하라

축 처진 뱃살에 낡은 양복을 걸친 한 남자가 영국의 재능 경연 쇼 프로그램 '브리튼즈 갓 탤런트' 무대에 섰다. 미남 소리를 듣기에는 어려운 외모의 37세 휴대폰 세일즈맨이었다. '자신감'이라고는 조금도 찾아볼 수 없는 경직된 표정으로 서 있는 그에게 심사위원이 물었다.

"여기에 무엇을 하러 왔나요?"

"오페라를 부르겠습니다."

뻐드렁니를 드러내며 남자는 어눌하게 대답했다. 그가 부를 곡은 푸치니의 오페라 투란도트의 아리아 <공주는 잠 못 이루고(Nessun Dorma)>였다. 심사위원 중 한 사람인 독설가 사이먼은 '뭐라고? 휴대폰

판매원인 당신이 오페라를 부르겠다고?' 하고 말하듯 특유의 표정으로 남자를 쳐다봤다.

전주가 흘러나오고 그가 오페라를 부르기 시작했다. '어? 좀 하네' 하는 표정을 짓던 사이먼의 얼굴에 놀라움이 점점 퍼져 나가기 시작했다. 관객 중에는 눈물을 훔치는 사람도 있었다. 마침내 노래가 클라이맥스 고음부에 다다랐을 때, 청중들과 심사위원들이 너나할 것 없이 열광과 흥분의 박수를 보냈다.

이것은 브리튼즈 갓 탤런트 1회 우승자인 폴 포츠의 이야기다. 폴 포츠는 무대에 서기 전, 사전 인터뷰에서 이렇게 말했다.

"이 무대에 서는 것은 저의 꿈이자, 제 여생을 걸 만한 것이에요. 전 이걸 이루기 위해 태어난 것 같아요. 직업으로 노래를 하고 싶었어요. 하지만 언제나 자신감이 문제였죠. 항상 나에 대해 완전하게 믿음을 갖는 것이 어려웠어요."

자신에 대한 믿음의 한계를 뛰어넘으면서 그의 재능은 빛을 발하고 꽃을 피웠다. 강점을 개발하는 데 가장 큰 장애물은 '실패에 대한 두려움'이다. 두려움으로 인해 자신 안에 있는 보물을 꺼내지 못하고 그냥 묻어 두게 된다.

폴 포츠, 아니 세상 많은 사람이 꿈이 있지만 스스로에 대한 믿음을 갖지 못하고, 실패할까 봐 두려워서 빛을 발하지 못한다. 자신이 정한 한계에 머무르고 만다.

성경에 '달란트' 비유가 있다. 주인이 각자의 능력에 맞게 세 사람에게 각각 다섯 달란트, 두 달란트, 한 달란트를 맡긴다. 다섯 달란트를 받은 사람과 두 달란트를 받은 사람은 각자에게 맡겨진 달란트를 사용해서 남기고 주인에게 동일한 칭찬을 받는다. 하지만 한 달란트 받은 사람의 행동은 두 사람과 전혀 달랐다. 자신이 받은 한 달란트를 땅에 묻어 버렸다.

왜 그는 자신의 달란트를 땅에 묻었을까? 그는 '두려워하여' 한 달란트를 땅에 묻었다고 했다. 도대체 무엇이 그렇게 두려웠을까?

아마도 자신의 달란트를 제대로 발휘하지 못할까 봐 두려워하지 않았을까? 맡겨진 달란트를 개발하고 사용했을 때 좋은 결과를 얻지 못할 것에 대한 두려움, 자신의 달란트가 부정적인 문제나 결과를 낳을 수도 있다는 두려움.

'실패를 두려워하여' 그는 달란트를 그냥 땅에 묻어 버렸다. '실패하면 어떻게 하지?', '잘못되어 이 한 달란트까지 잃어버리면 어떻게 하지?' 하는 걱정, 불안, 근심, 염려, 두려움으로 자신에게 맡겨진 재능을 관리하고, 사용하고, 계발하기를 포기해 버렸다. 실패에 대한 두려움이 오해를 낳았다.

자신이 성장할 수 있다는 믿음, '성장 마인드셋'을 가진 사람들은 실패를 두려워하지 않는다. 성장하는 사람들은 '성장할 수 있다는 강한 믿음'을 가졌다. 성장할 수 있다는 마음가짐이나 태도가 없다면 어떻게 성장이 일어날 수 있겠는가? 자신의 재능과 강점을 계발할 마음이 없는데 어떻게 재능과 강점이 나타나기를 기대할 수 있겠는가?

아니, 더 정확히 말하면, 성장 마인드셋을 가진 사람도 실패를 두려워하긴 한다. 하지만 실패를 통해 배우겠다는 마음이 있다. 이들은 실패가 두려워 시도하지 않는 그 자체를 두려워한다. 실패나 실수를 기꺼이 학습의 기회로 받아들이고, 그것을 통해 한 단계 더 발전한다.

폴 포츠는 자신의 달란트를 땅에 묻어 두지 않았다. 실패가 두렵기도 했지만, 실패가 두려워 도전하지 않는 '진짜 실패'를 경험하고 싶지 않았다. 그래서 자신에게 맡겨진 재능을 계발하고 사용하기로 했다. 그리고 그 몇 배가 넘는 기회와 가치를 되받았다.

폴 포츠는 우리에게 이렇게 말하고 싶을지도 모르겠다.

"너도 일단 해 봐! 그럼 알게 될 거야. 잃어버리기는커녕 면 쓸수록 빛나는 보석이 이미 너에게 있다는 사실을!"

 정철민 코치의 *One Point Coaching*

실패에 대한 관점을 바꾸어 보세요. '실패는 새로운 것을 배우고 성장할 수 있는 기회다' 라고 다시 정의해 보세요. 이미 당신은 쓸수록 빛나는 달란트를 가지고 있습니다. 일단 자신의 주변에서부터, 자신이 할 수 있는 것부터 시작해 보세요. 아주 작은 것이라도 좋습니다.

물 새는 걸 막아라 :
약점 관리
제대로 하는 법

'강점에 집중하고 강점을 개발해야 합니다.' 이 말을 강조할 때마다 질문 세례를 받는다. 그럼 약점은 어떻게 하나요?

약점이 제대로 관리되지 못하면, 밑 빠진 독에 물을 붓는 꼴이 된다. 약점이 발목을 잡으면 제대로 성장하기 어렵다. 항상 그 자리에 머무르게 된다. 그렇다고 약점에만 집중하다 보면 평범한 수준에 머무르게 된다. 약점을 관리하면서 강점 계발에 집중할 때 강력한 성장이 일어나고 탁월한 수준에 이를 수 있다. 균형을 잡는 것이 중요하다.

그렇다면 과연 약점이란 무엇일까? 약점은 재능이나 기술, 지식의 부족, 또는 잘못된 활용으로 인해 발생하는 취약한 지점을 말한다. 약점이라고 다 같은 약점이 아니다. 약점에도 종류가 있다. 약점의 형태에 따라 대처해야 할 전략이 달라진다.

기술적인 부족으로 생기는 문제는 기술적 약점이다. 가능한 한 빨리 습득하는 것이 이 약점을 관리하는 방법이다. 프로그램 개발자가 프로그램을 짤 수 없다면 이는 분명한 약점이다. 빠르게 프로그래밍 지식과 스킬을 습득해야 한다. 간호사가 춤을 추지 못하는 것은 약점이 아니다. 하지만 주사를 놓아야 하는 간호사가 환자의 정맥을 찾지 못하는 것은 약점이 된다. 기술을 빠르게 습득하거나 보완해야 한다.

타고난 재능이 부족한 것도 약점이 될 수 있다. 자신에게 자연스럽지 않은 패턴을 억지로 할 때, 시간도 많이 들고 스트레스도 받기 때문에 약점이 된다. 타고난 재능이 어떤 환경과 조건에서는 약점으로 작용할 수 있다.

개성을 중시하는 사람은 자유롭게 발상하고 개인의 자유와 권리를 존중해 주는 환경에 있을 때 재능을 발휘해 성과를 낼 가능성이 크다. 반면 이 사람의 성향으로 볼 때, 집단 전체의 규율과 규칙을 강조하는 조직에서는 재능을 발휘하기가 쉽지 않다. 전체의 규율을 중요하게 여기는 군대 같은 조직에 있다면, 그의 타고난 재능은 그런 환경에서 약점으로 작용할 수 있다.

타고난 재능의 부족으로 인해 약점이 나타날 때는 어떻게 해야 할까? 무조건 자신과 맞지 않는 환경과 조건을 피해야 할까? 맞을 수도 있고, 그렇지 않을 수도 있다. 타고난 재능이 부족할 때 나타나는 약점 관리는 다른 방식으로 접근해야 한다.

부족한 재능 때문에 생기는 약점을 관리하는 방법 중 하나는 보완할 파트너를 찾는 것이다. 내가 가진 재능과 강점으로 그 사람의 약점을 보완하고, 그 사람의 재능과 강점이 내 약점을 보완해 준다면 더할 나위 없다. 상호 보완과 시너지가 일어난다.

나는 상황에 맞춰 목표를 정하고 목표에 도달할 가장 좋은 대안을 찾는 전략적 사고에 능숙하다. 하지만 전략을 실행하는 데는 약하다. 특히 미리 리스크를 파악해서 발생할 문제에 대처하거나, 꼼꼼하게 따지면서 체계적이고 정확한 절차에 따라 일하는 데는 서투르다. 그런 일을 아주 못하지는 않지만 능숙하지 않기에 스트레스를 받는다. 이런 것이 내가 잘 안 되는 부분이다.

이럴 때 어떻게 해야 하는가? 약한 부분을 그냥 놓아 두면 구멍으로 물이 샌다. 잘하는 부분만 집중하며 살 수는 없다. 반드시 약점을 관리해야 한다. 그렇다고 내 약점에 집중해서 그것을 하는 데에 너무 많은 에너지와 시간을 쓸 수는 없다.

내가 잘하지 못 하는 일을 아주 능숙하게 잘하는 사람들이 있다. 나와는 전혀 다른 성향이고 그 분야에 자연스러운 패턴을 가진 사람들이다. 그래서 나는 새로운 일을 할 때, 내가 가진 약점을 강점으로 가진 사람을 찾는다. 그들이 가진 강점이 내 약점을 보완해 주고, 물이 새지 않게 막아 줄 수 있기에 딱 좋다. 서로 강점의 궁합이 잘 맞는다. 무엇보다도 이런 사람일수록 내 강점으로 상대의 약점을 보완해 줄 가능성이 크다. 시너지를 통해 강점은 극대화되고 약점은 최소화된다.

내 약점을 보완해 줄 수 있는 강점을 가진 사람들과 시너지를 내는 것이 처음에는 쉽지 않다. 자연스러운 사고, 감정, 행동의 패턴이 다를 수밖에 없어서 그렇다. 나와는 아주 다른 성향의 사람들이다.

처음에는 서로 이해하고 소통하기 힘들어서 협력이 어려울 수 있다. 하지만 이해하기로 마음먹으면 이해되기 시작한다. 신뢰하기로 하면 믿음이 간다. 서로 다른 성향의 사람들이라도 일단 이해하고 신뢰하기 시작하면 서로 척척 합을 맞춰 일을 수월하게 진행해 나간다. 상호 보완이 되고, 시너지가 생긴다.

 정철민 코치의 *One Point Coaching*

약점 관리는 물이 새는 것을 막는 일입니다. 반드시 필요합니다.
약한 분야에 대해 빠르게 기술을 습득하세요.
약한 분야를 보완해 줄 수 있는 사람들과 협력해서 시너지를 낼 방법을 찾아보세요.

CHAPTER 7

강점을 과용할 때 인식하고 제어하는 법

무진장
노력해도
안 되던 이유

　나의 강점을 약점으로 오해하여 제대로 발휘하지 못하는 경우도 있지만 강점을 너무 과하게 사용하여 문제가 되는 경우도 있다.

　어느 날 강의를 마치고 L대표가 다가왔다.

　"강의를 진작 들을 걸 그랬어요. 코치님을 좀 더 일찍 만났더라면, 제가 야간 경영 대학원을 일곱 군데나 다니지 않았을 텐데 말입니다. '강점에 집중하고 약점은 관리하라'는 말씀이 뼈를 때렸습니다."

　내 귀를 의심했다. '경영 대학원 일곱 군데를 다녔다고?' 10년 동안 비즈니스&라이프 코치로 수많은 사람을 만났지만, 이런 경우는 처음이었다. L대표는 자신이 약점이라고 생각한 부분을 보완하기 위해서였다고 했지만, 너무 많은 시간과 돈을 쓴 것을 씁쓸하게 후회하고 있었다.

흔히들 자신의 부족하고 약한 부분을 개선하거나 보완하기 위해 자기 계발을 한다고 생각한다. 그래서 물이 새는 부분을 찾아서 확실히 물 샐 틈 없게 만드는 일에 집중한다. 회계사로, 투자 회사를 이끌고 있는 L대표도 별반 다르지 않았다. 강점보다는 자신의 취약한 영역, 부족한 부분, 약한 점을 개선하기 위해 모든 수고와 노력을 쏟아부었다. L대표는 말을 이어갔다.

"제가 어릴 때부터 대인관계 쪽이 약했어요. 이런 약점을 보완하려고 무진장 노력했어요. 사실 제 약점을 보완하려고 사교성 좋고, 대인관계가 좋은 아내와 결혼했거든요."

나는 다시 L대표의 강점을 살펴보았다. 그러자 의문이 풀렸다. 미래를 위해 유용한 정보를 끌어모으는 걸 즐기는 것이 L대표의 강점 중하나였다. 소위 말하는 '수집광'적인 면모가 있었다. 그래서 그동안 수집하듯 일곱 군데의 야간 경영 대학원 수료증을 모았던 것이다. 약점을 보완하려고 했는데, 실제로는 강점이 과하게 발휘되어 문제가 되었다.

L대표와 같은 강점을 가진 사람들은 유용한 정보를 끌어모으는 것을 즐기고 좋아한다. 더 알고 싶은 욕구가 있기 때문이다. 그래서 필요가 있든 없든 많은 정보를 모으고 다방면으로 박학다식하다. L대표가 딱 그랬다. 원래 목적은 자신의 약한 대인관계를 보완하려는 것이었으

나 어느새 자신도 모르게 대학원 수료증만 끌어모으고 있었다.

이런 과정이 모두 잘못된 것은 아니다. 그 시간을 통해 사람도 만났을 것이고, 자신의 강점을 발휘해 성취도 경험했을 것이다. 하지만 비생산적인 것만은 틀림없다. 자신이 인정한 것처럼 시간상으로 금전적으로 모두 과했다.

이렇듯 강점을 자신도 모르게 과하게 사용하여 부정적이고 비생산적인 결과를 만드는 경우가 있다. 강점을 제대로 인식하지 못하고 적절하게 제어하지 못해 생긴 문제다. 그리하여 자신의 강점이긴 하지만 오히려 약점이 되었다.

과도하게 나타나는 강점을 자신의 약점으로 알고 평생을 사는 사람도 있다. 물론 제대로 관리한다면 강력한 '필살기'(必殺機)가 될 테다. 잘 다듬어진 강점은 차별적인 경쟁력의 원천이 된다.

L대표와 강점에 대해 조금 더 이야기를 나누었다. 그는 '배움에 대한 호기심'과 '유용한 정보를 귀신같이 끌어모으는' 강점을 자신이 경영하는 투자 회사 운영에 제대로 발휘하고 있었다. 이런 그의 강점이 회사를 성장시킨 강력한 원동력이었다. 심지어 타고난 분석력도 긍정적으로 작용했다. 그는 숫자 감각이 뛰어나고, 투자 결과에 영향을 줄 수 있는 모든 요인을 고려하는 냉철한 분석력을 지녔다.

이미 자신에게 훌륭한 강점이 있고, 자신의 사업에 이를 충분히 잘 활용하고 있다는 사실을 알게 된 L대표는 약점에 집중하려는 마음을 내려놓았다. 약점을 보완하려던 자신의 필사적인 노력이 실제로는 자신도 모르게 강점을 과도하게 사용하는 결과로 나타났다는 사실을 깨달았다. 그동안 들인 시간과 비용을 생각하면 자신을 오해하고 살아온 대가가 너무 컸다. 하지만 오해를 푼 이제는 괜찮다. 집중할 것과 그렇지 않은 것을 구분하게 된 것이 무엇보다 큰 성과였다.

자기 자신에 대한 오해를 푸는 것이 선결 과제다. 그리고 나의 강점에 집중하자. 혹여 강점을 과하게 사용하고 있지는 않은지 수시로 살피고 관리하자. 이것이 새로운 나로 나답게 사는 길이다.

 정철민 코치의 *One Point Coaching*

물이 새지 않도록 약점을 관리할 필요가 있습니다.
하지만 지나치게 약점에 집중하는지, 강점을 약점으로 오해하고 있는지, 강점을 과하게 사용하고 있는지를 살펴보세요.
자신에 대해 새로운 사실을 발견할 수 있습니다.

지나친
강점은
독이 된다

말을 잘하고 말하기를 좋아하는 선생님이 있다. 말이 지나치게 많다 보니 막상 학생들은 수업에 참여할 기회가 적다.

일벌레처럼 일에 열중하며 많은 것을 성취하는 직장인이 있다. 하지만 성취의 기쁨을 제대로 누릴 줄 모르고 일의 노예로 산다.

조직을 더 나은 상태로 만들기 위해서 열심히 노력하는 리더가 있다. 만족할 줄 모른 채 끊임없이 '더', '더', '더'를 요구해서 다른 사람들을 지치게 한다.

아이디어가 많아 창의적이라는 얘길 듣는 사람이 있다. 앞서가는 생각과는 반대로 끝은 항상 흐지부지 결실을 보지 못한다. 그런데도 끊임없이 아이디어를 낸다.

남편이 "우리 언제 이사 가지?"라고 한마디 했는데, 바로 다음 날 이사 갈 집을 계약하는 아내도 있다. 추진력, 실행력이 지나치게 앞서 가서 탈이다.

위의 사례들은 모두 강점이 나타나기는 하지만, 과도하게 나타나서 오히려 독이 되는 경우들이다.

강점은 동전의 양면처럼 밝은 부분과 어두운 부분을 가지고 있다. 적절한 강점은 전혀 문제 되지 않는다. 문제는 강점이 과도하게 나타나는 경우다. 강점을 지나치게 사용할 경우 비생산적이고 부정적인 결과를 낳는다. 인생의 '독'이 될 수도 있다.

그렇다면 강점을 과도하게 사용하는 이유는 무엇일까? 나의 강점을 제대로 인식하지 못하기 때문이다. 인식이 안 되니 과소평가한다. 제한 속도를 한참이나 넘긴 채 운전하는데 아무런 문제가 없다고 여긴다.

버스나 지하철, 또는 식당과 같은 공공장소에서 휴대전화로 통화를 하며 큰 소리로 말하는 사람들도 있다. 그들이 그러는 이유는 자신의 목소리가 얼마나 큰지 인식하지 못하기 때문이다.

강점이 과도하게 나타날 때는, 무엇보다 관계에서 심각한 문제가 발생한다.

예를 들어, 음악을 크게 틀어 놓았을 때 다른 사람이 소리가 너무 크니 좀 줄여 달라고 요청하면 그런 것은 받아들이기 쉽다. 볼륨을 조절하기만 하면 된다. 그러나 강점이 과하게 나타날 때는 스스로 유연하게 조절하기가 쉽지 않다.

특히 자신이 인식하지 못한 채 강점을 과하게 사용하는 경우라면 상황은 더 어려워진다. 다른 누군가가 "당신이 그랬어요. 당신 때문에 이런 것들이 어려워요"라고 말하는데, 정작 본인은 상황 파악이 잘 안 된다. 자신도 모르게 강점을 과하게 드러낸 터라 저 사람이 왜 저런 이야기를 하는지 이해가 안 되고, 이해가 안 되니 인정하기 어렵고 화가 난다.

여럿이 함께 일하는 조직에서 리더가 과도하게 강점을 사용한다면 사람들과의 관계나 성과에 더 크게 영향 미친다. 리더가 스트레스 상황에 놓여 있다면, 강점이 과도하게 사용될 가능성은 더 높다. 그러나 강점이 과도하게 사용될 때의 어두운 부분을 스스로 인식하기 쉽지 않으니 인정하려 들지 않고, 함께하는 가족이나 가까운 동료, 파트너는 더 힘들어진다. 바로 강점이 '독'이 되는 경우다.

인식하기 어려운 지나친 강점이 심각하게 나타날 때는 '지킬 박사와 하이드' 같은 인간의 양면성을 보일 수도 있다. 사실 이런 문제는 리더에게만 해당하는 문제가 아니다. 인식하지 못한 채 강점을 과하게 사용할 때 누구나 겪을 수 있는 문제다.

자신이 강점을 과도하게 사용하고 있다는 것을 인식하면서도, 이를 제어하지 못하는 이들도 있다. 이 경우는 더 큰 문제가 된다.

시속 170킬로미터의 공을 던지는 투수는 분명 엄청난 강점을 갖고 있다. 하지만 그 투수가 자신의 공을 컨트롤 할 수 없다면 이야기는 달라진다. 170킬로미터 구속의 공을 던지지만, 제구가 되지 않으니 투수로서 만년 유망주일 뿐이다. 심지어 어디로 날아갈지 모르는 엄청난 속도의 공이 제어되지 않는다면 어떻게 할 것인가? 제어되지 않는 공은 누군가를 해칠 수 있는 흉기가 된다.

가장인 아버지한테 과하게 나타나는 강점은 본인 빼고 가족 모두가 안다. 아버지 역시 안다고 해도 자신의 마음대로 제어가 안 되니 가족과의 관계가 틀어진다.

직장에서도 마찬가지다. 언제 사장의 강점이 과도하게 나타나는지, 그리고 그 문제가 어떤 결과를 낳는지, 직원들은 다 안다. 단지 아무도 고양이 목에 방울을 달지 못해 이야기하지 않을 뿐이다. 사장이 자신의 과도한 강점을 안다고 해도 제어할 방법을 찾지 못하고 반복적으로 문제가 발생한다면 모두에게 고통이 될 수 있다.

그렇다면 제대로 인식되지도 않고, 제어도 힘든 이 무지막지한 강점을 어떻게 효과적으로 관리할 수 있을까?

'알아차림'과 '성찰'은 강점의 어두운 부분을 다스릴 수 있는 좋은 도구이다.

먼저 자신도 모르게 과하게 나타나는 강점의 순간을 알아차리는 것이 중요하다. 그때 어떤 일이 일어났는지를 되돌아보는 것이다. 자신의 사고, 감정, 행동의 패턴이 어떻게 일어났는지, 어떻게 부정적이고 비생산적인 결과로 이어졌는지를 되돌아봐야 한다. 그래야 '미숙하고 날카로운 강점'을 인식하고 수용할 수 있다.

'알아차림'과 '성찰'의 수준이 결국 성숙의 수준이다. 인지하기 어렵고 제어하기 힘든 '미숙한 강점'을 어떻게 다스리는지가 그 사람의 성숙도를 나타낸다.

자신도 모르게 나타나는 강점의 어두운 부분을 바로 자신과 동일시해서 바라보는 것 역시 미숙함이다. 강점의 어두운 부분이 강하게 나타날 때, 사람은 자신을 미숙하게 여기고 부끄럽게 생각한다. 낙심하고 좌절하고 자책하기도 한다. 하지만 그러고 싶어서 그러는 사람은 없다. 몰라서, 아직 미숙해서, 어쩔 수 없어 그랬을 것이다.

'알아차림'과 '성찰'을 통해 조금씩 미숙함에서 벗어날 수 있다. 인생 자체가 '미숙'에서 '성숙'으로 가는 과정이다.

뒤집어 보면, 미숙하게 보이는 과도한 강점 상태의 내 모습을 보며 그것이 자신의 강점인 줄 모르고 사는 경우도 많다. 그렇게 자신의 강점을 약점으로 알고 평생을 살아온 사람도 있다. 이도 마찬가지로 자신의 강점의 어두운 부분을 알아채고, 있는 그대로의 나를 인정하고, 수용하고, 성찰하다 보면 조금씩 나아진다. 내 강점을 있는 그대로 받아들이고 성숙하게 사용할 수 있게 된다.

그렇게 사람은 새로운 나로 성장한다.

 정철민 코치의 *One Point Coaching*

과도하게 나타나는 강점을 다듬어 가는 것이 성장하고 성숙해지는 과정입니다. 강점을 과하게 사용하는 순간을 알아차리고 성찰하기 시작하면서 조금씩 자신의 강점을 성숙하게 사용할 수 있게 됩니다.

스위치를
켜고 끄듯
나를 조절할 수 있다면

조명 기구의 밝기를 조절하듯, 강점의 밝기를 조절할 수 있다면 얼마나 좋을까?

강점은 성숙도에 따라 밝은 정도가 결정된다. 성숙도 수치가 1부터 10까지 있다고 하자. 강점이 가장 밝을 때 강점의 성숙도는 10 상태이다. 이때는 어두운 부분이 전혀 나타나지 않고 강점이 온전하게 가장 밝은 빛을 발한다.

성숙도의 수치가 1일 때는 그 반대다. 아주 미숙한 상태다. 강점의 밝기가 암흑같이 어두울 때이다. 긍정적이고 생산적인 결과는 거의 나타나지 않는다. 강점이 '독'으로 작용한다.

아내는 타고난 자신의 강점 덕에 항상 밝다. 사람들을 '화합'으로 이끈다. 그렇지 않은 나는 이런 아내가 부러울 때가 많다. 나는 필요하면 갈등을 먼저 선택하는 유형이다. 갈등이 생겨도 할 말은 해야 하고, 갈등이 일어날 것을 개의치 않고 먼저 부딪친다.

항상 밝게 웃고 사람의 마음을 편안하게 해주고 분위기를 부드럽게 만드는 아내의 긍정적인 성격이 좋았다. 나에게는 없는 '화합'의 보석이 찬란하게 빛날 때, 아내는 멋져 보인다. 사람들을 하나로 만들고 그곳이 어디든 분위기를 화사하게 만드는 아내의 강점이 찬란하게 빛나면 함께 있는 사람들이 그 빛을 받으며 평화를 누린다. 이때는 아주 밝고 높은 수준으로 강점의 성숙도가 나타난다.

결혼하고 나니 조금씩 아내가 가진 강점의 어두운 부분들이 나타났다. 아니, 나에게 보였다고 하는 것이 맞을 것이다.

강점의 성숙도 수치가 중간 정도일 때, 아내는 주변에서 일어나는 불필요한 갈등을 피하고자 자신도 모르게 밝게 웃었다. 심지어는 자신의 의견을 포기하고 다른 사람에게 맞추려는 성향도 보였다. 언뜻 보면 유연하고 배려하는 것처럼 보일 수도 있지만, 아내의 깊은 내면에서는 자신도 모르게 갈등에 대한 두려움이 작동하고 있었다.

중간 이하 3~4 수준의 강점 성숙도에서는 스트레스 반응을 보였다. 갈등이 두렵고 갈등을 회피하려는 방어기제가 작동하여 무의식적으로 상황을 화합하는 쪽으로 만들어 버리기도 했다. 이때 아내는 자신에게 부정적인 상황을 직면하더라도 감정을 억제하며 버틴다. 하고 싶은 말이 있더라도 꾹꾹 참아 누른다. 일어나지 않을 것 같은 문제에 과민하게 반응하기도 한다. 이때 강점의 어두운 부분은 주변 사람이 인식할 정도로 나타난다.

아주 낮은 수준의 강점 성숙도에서, 아내는 심하게 스트레스를 받는다. 갈등이 일어나는 일에 대해서 아주 민감하고, 심지어 갈등을 견디지 못하고 상황을 회피하는 모습마저 보인다. 갈등을 극도로 싫어할 뿐만 아니라, 내가 알던 그 사람이 맞나 싶을 정도로 부정적인 사람이 된다.

어느 날 남편이 아닌 코치로서, 아내에게 과도하게 나타나는 강점의 어두운 순간을 이야기해 주었다. 하지만 아내는 좀처럼 받아들이지 못했다. 자신이 인식하지 못하는 '과도하게 나타나는 강점'을 쉽게 인정하는 사람이 얼마나 있겠는가? 더구나 객관적인 제3자도 아니고, 가장 가까운 가족인 남편이 이야기하는데. 요즘 시대에.

성찰은 자기 생각, 감정, 행동을 되돌아볼 때 생긴다. 강점을 과하게 쓰고 있는 모습이 진정한 내가 아닌 내 안에 있는 '에고(Ego)'의 반응이라는 것을 알 때 과도한 강점을 알아차릴 수 있다. 그때 진정한 나는 바람직하지 않은 자아인 '에고'에 나타난 생각, 감정, 행동의 반응을 살펴보며 인식하고 제어할 수 있다.

아내는 언젠가 심각한 스트레스 상황을 경험하면서 자신의 자연스러운 패턴으로 나타나는 '화합'이 진짜 자신은 아닐 수 있다는 사실을 알게 되었다. 그리고 '알아차림'을 통해 그것이 언제 어떻게 나타나는지도 인식하게 되었다. 그런 과정을 거치면서 자신이 원하는 진정한 '화합'을 자연스럽게 만들어 내기 시작했다.

갈등을 두려워하지 않으면서도 밝게 웃고, 할 말은 제대로 하기 시작했다. 함께하는 사람들을 배려하고, 조율하고, 주어진 일들을 조정하면서 화합의 여신으로 빛을 내기 시작했다. 이제 아내는 아주 높은 강점의 수준인 성숙한 화합에 도전하고 있다. 이 땅에서 화평하게 하는 자로서 소명을 품고, 자신의 재능과 강점을 발휘한다.

강점이 최고 수준으로 발휘될 때, 화합은 존재 자체만으로 사람들의 마음을 평안과 화합으로 이끈다. 누구나 가장 높은 수준으로 자신이 가진 강점의 밝은 빛을 찬란하게 밝힐 수 있다.

정철민 코치의 *One Point Coaching*

당신의 강점이 나타내는 밝은 부분과 어두운 부분을 인식해 보세요.
가장 찬란하게 빛나는 강점의 밝은 부분이 나타날 때는 언제인가요?
어두운 부분이 나타날 때는 언제인가요?

왜 내 다이어트는
실패할 수밖에
없을까?

"어제 화나는 일이 있어 정신 놓고 열두 시까지 먹었더니 이렇게 부었네요. 저는 왜 참지 못하고 매번 이런지 모르겠어요."

김 대리가 자신을 한탄하며 넋두리를 늘어 놓는다.

"아이들에게 화내는 걸 도저히 멈출 수가 없었어요. 시간이 지난 뒤에야 내가 왜 그랬을까 후회를 하게 돼요. 그러지 않겠다고 결심하지만 또다시 반복하는 나를 발견합니다. 어떻게 해야 하죠?"

아이를 키우는 엄마가 자신을 자책하며 후회한다.

이들은 왜 그랬을까? 왜 폭식을 하고, 왜 멈추지 못하고 계속 화를 냈을까?

'트리거 포인트'(Trigger Point)라는 말이 있다. 방아쇠를 당기는 순간 총알이 발사되듯이, 어떤 결과에 결정적인 영향을 미치는 중요한 지점을 뜻하는 말이다. 트리거 포인트에서 일어나는 어떤 자극으로 인해 긍정적이고 생산적인 결과를 낳기도 하고, 또는 부정적이고 비생산적인 결과로 이어지기도 한다. 위의 사례에서 주인공들이 폭식을 하고, 계속해서 화를 낸 이유도 바로 트리거 포인트에서 자신의 상태를 인식하고 멈추지 못했기 때문이다.

트리거 포인트는 무의식적으로 나타나기에 언뜻 봐서는 알아채기 어렵다. 다이어트를 해 본 사람이라면 트리거 포인트가 어떤 차이를 만드는지 좀 더 실감 나게 이해할 수 있다.

심한 스트레스를 받고 나서 나도 모르게 폭식했던 기억, 다들 한 번씩은 있을 것이다. 정신을 차렸을 땐 이미 고칼로리의 기름진 음식, 탄수화물 덩어리 음식을 폭풍같이 흡입하고 난 뒤다. 멈추지 못한 채 음식을 탐하고, 상황이 끝나고 나서야 자신이 무엇을 했는지를 비로소 알게 된다. 망연자실하고 후회해도 소용없다. 상황은 이미 벌어지고 말았다.

한숨이 나오고 자책이 끝없이 쏟아진다. 내가 왜 그랬을까? 문제의 발단은 스트레스의 순간, 바로 트리거 포인트에 있었다. 트리거 포인트에서 방아쇠가 당겨졌다. 그리고 결국 되돌리기 힘든 상황이 벌어지고 말았다.

스트레스 받을 때마다 폭식을 하는 상황은 강점이 과도하게 나타나는 상황과 매우 유사하다. 자신도 모르게 부정적이고 비생산적인 결과를 만든다.

이때 과도한 강점을 제어할 수 있는 단서를 트리거 포인트에서 찾을 수 있다. 트리거 포인트에서 어떤 일이 일어나는지 명확히 안다면, 우리 삶에서 과도하게 나타나는 강점이 만드는 부정적이고 비생산적인 결과를 긍정적이고 생산적인 결과로 바꿀 수 있기 때문이다.

우선 트리거 포인트를 찾아야 한다. 이것이 모든 문제 해결의 시작점이다. 필름을 되돌리듯 결과가 일어난 상황을 되짚어 본다. 그러면 바로 그 시작 지점, 트리거 포인트를 발견할 수 있다.

트리거 포인트에서는 분명한 신호가 발생한다. 자동으로 드는 생각, 부정적인 감정, 신체의 반응과 같은 것이다. 이를 알아채야 한다.

'열 받게 하네', '오늘 먹고 끝내자' 등 자동으로 드는 생각이 있다. 자책, 우울, 분노, 열 받음, 짜증 등 부정적인 감정도 트리거 포인트를 감지할 수 있는 신호다. 속이 답답해진다, 목덜미가 뻣뻣하다, 신경이 곤두서는 것 같다, 몸에 미세한 떨림이 있다, 귀가 빨개진다 등 이런 몸의 신호를 통해서도 트리거 포인트를 알 수 있다. 이런 다양한 신호들이 트리거 포인트를 인식하는 데 도움이 된다.

이제 그 트리거 포인트에서 무슨 일이 일어났는지를 되돌아본다.

맞다. 나도 모르게 음식에 손이 갔다. 그리고 무엇을 얼마나 먹는지도 모르는 채 먹어 댔다. 그랬다. 그 순간 아이에게 화를 냈다. 정신이 나간 사람처럼 멈추지 못하고 소리를 질러댔다.

트리거 포인트에서 어떤 일이 일어났는지를 성찰한 다음에는, 그 지점에서 폭식을 대체할 무엇인가를 찾아봐야 한다. 긍정적인 결과를 낼 수 있는 대체 행동을 찾아야 한다.

예를 들면, 스트레스를 받아 나도 모르게 음식에 손이 가는 트리거 포인트에서는 건강한 음식으로 식단을 대체할 수 있다. 트리거 포인트에서 폭식으로 이어질 수 있겠다는 것을 인식하고 나면 물을 마시거나 운동을 하는 등 아예 다른 방법을 선택할 수도 있다. 트리거 포인트를 알고 나면 자신에게 맞는 대체할만한 다양한 방법을 생각해 낼 수 있다.

비단 다이어트뿐만 아니라, 우리 삶의 다양한 사건과 상황 속에도 트리거 포인트가 존재한다. 나도 모르게 무의식적으로 과도하게 강점이 발생하는 상황에도 트리거 포인트가 있다.

과도한 강점은 미숙한 모습으로 나타나 나와 주변 사람들까지 괴롭힌다. 이때 트리거 포인트를 안다면 과도한 강점이 나타나는 순간을 인식하고 제어할 수 있다. 처음에 혼자서 어렵다면 코치나 다른 사람의 도움을 받을 수 있다.

강점은 때로 자신과 주변 사람들의 삶에 독이 될 수 있다. 이때 문제가 일어나는 지점, 트리거 포인트가 있다는 사실만 알아도 내게 큰 도움이 된다. 이제 조금씩 '성숙한 강점'을 가진 새로운 나로 사는 길로 들어서고 있다.

 정철민 코치의 *One Point Coaching*

내게 자연스럽게 일어나는 패턴이 긍정적이고 생산적인 결과를 낳을 수도 있지만,
부정적이고 비생산적인 결과를 낳기도 합니다.
그 분기점이 바로 '트리거 포인트'입니다.
'트리거 포인트'를 찾는 것은 '성숙한 강점'으로 가는 길을 발견한 것과 같습니다.
어떤 문제에 대한 당신의 '트리거 포인트'는 언제인가요?

딱 10시까지 :
나의 트리거 포인트를
잡아라

"어제 도대체 몇 시까지 술을 마신 거야?"

정 팀장이 퀭한 얼굴을 한 유 과장에게 물었다.

"새벽 3시까지 마셨습니다." 유 과장은 겸연쩍게 머리를 긁적였다.

"언제까지 회사 떠나는 사람들 붙잡고 위로해 주려고 하나? 유 과장이 뭐 인사팀 퇴직자 송별 전문 담당이야? 자기가 맡은 일이나 좀 잘해!"

자기 팀도 아닌데 회사에서 퇴직자들이 생길 때마다 사람들을 모아 송별회를 주도하는 오지랖 대마왕 유 과장. 정 팀장이 유 과장을 나무라는 것도 무리는 아니다.

유 과장의 오지랖은 남달랐다. 원래 사람이 좋아서 그런지 회식할 때마다 누구 하나 빠지지 않게 챙기는 일이 유 과장의 몫이었다. 보통 사람들이 밥 한 공기 정도의 배포와 아량을 가졌다면, 유 과장은 드럼통 수준으로 사람들을 포용했다. 실제로 그의 인맥은 대단했다. 몇 차례 회사를 옮기면서 유 과장 덕을 본 사람의 수는 기하급수로 늘어났다. 유 과장처럼 사람들을 챙긴다면 웬만한 지역구 국회의원 당선도 가능할 것 같았다.

경조사 챙기기는 물론이요, 과장해서 누구 집에 숟가락 몇 개가 있는지 아는 것도 유 과장이었다. 만나면 좋은 친구가 되는 것은 시간문제요, '에브리바디 형님 동생'으로 통했다. 이런 독특한 성향이 영업 실적과 연결되었다. 어찌나 그 많은 형님 동생들이 정보를 물어다 주는지. 업계가 어떻게 돌아가는지 알고 싶다면 일단 유 과장과 이야기를 나누면 되었다. 그는 업계 정보가 모이는 참새 방앗간이었다. 이 모든 것이 자신의 강점을 살리며 사는 유 과장의 필살기였다.

정 팀장은 새벽에야 끝난 송별회 때문에 아침부터 정신을 차리지 못하는 유 과장을 보며 혀를 찼지만, 그래도 그 오지랖은 인정할 수밖에 없었다. 누가 말리겠는가.

"제발 적당히 해라. 알았지?"

나름대로 할 말은 많았지만, 유 과장은 입을 꾹 다물었다. 일단 지금은 작전상 후퇴. 사실 유 과장에게 사람을 챙기는 일은 사명과도 같았다. 자신이 송별회를 해주지 않으면 회사를 떠나는 사람의 마음은 누가 위로를 해주겠는가. 떠나는 아쉬움과 새 환경에 대한 불안, 그리고 기대……. 그는 그 동료의 마음이 다 느껴졌다. 당신의 마음이 내 마음이고, 내 마음이 당신의 마음이다. 어찌 송별의 잔을 나누지 않으리오. 각박한 세상에서 마음을 나눌 수 있는 벗으로 사는 것이 어찌 기쁘지 아니한가 말이다.

그러던 어느 날 유 과장이 뭔가를 깨달은 듯 말했다.

"팀장님, 알게 되었습니다."

"뭐를?"

"팀장님이 말씀하신 것이 무엇인지 알게 되었다고요."

뜬금없이 말하는 유 과장을 보면서 정 팀장은 의아해했다.

"그게 무슨 말이야?"

"팀장님이 말씀하신 그 과도한 강점 있잖아요. 그것이 무엇인지 깨달았어요. 10시까지 마시는 게 제가 강점을 살려서 사람들의 마음을 알아 주고 함께 공감하는 것이고, 그 이후에 새벽까지 마시는 것은 공감이 아닌 그저 술이 술을 마시는 거라는 걸요."

유 과장은 마침내 자신 안에 있는 견고한 '돌'을 깼다. 도를 깨쳤다. 아, 이제 하산할 때가 되었다.

그는 정확히 어느 시점이 트리거 포인트인지를 알아챘다. 사람들을 포용하고 공감해 주는 자신의 강점이 10시까지는 긍정적이고 생산적으로 작동하고, 그 이후에는 부정적이고 비생산적으로 작동한다는 것을 깨달은 것이다. 트리거 포인트에서 무슨 일이 벌어지는지를 명확하게 인식하고, 어떻게 스위치를 꺼야 할지도 알게 되었다.

"10시까지는 아주 좋았어요. 그 이후는 공감도 포용도 아닌 막장이더라고요."

물론 자신의 강점이 언제 과도하게 나타나는지, 어떻게 멈출 수 있는지 알았지만, 유 과장이 실제로 그것을 제대로 실행까지는 시간이 걸렸다. 아는 것과 실제로 하는 것은 다르다. 행하는 것은 훈련과 시간이 필요한 일이다.

어쨌든 깨달았다니 다행이다.

"딱 10시까지야. 그다음은 각자 집으로!"

우리 회사 송별회 전문 담당 유 과장은 오늘도 달린다. 10시까지만.

 정널민 코치의 *One Point Coaching*

과도하게 나타나는 강점의 트리거 포인트를 인식하고 제어하기 시작하면, 과도한 강점은 성숙한 강점으로 거듭나기 시작하고, 새로운 나로 살아갈 수 있습니다.

스티브 잡스의
실패

애플의 창업자 스티브 잡스. 혁신의 아이콘인 그도 과도하게 나타나는 강점 때문에 크게 실패를 경험한 적이 있다. 강점이 과도하게 사용될 때 나타나는 '블라인드 스팟(Blind Spot)' 때문이다.

원래 '블라인드 스팟'은 자동차 사이드미러에 보이지 않는 사각지대를 말한다. 블라인드 스팟에서는 상황 인식에 대한 오류와 편견이 생기기 쉽다. 리더십 컨설턴트 로버트 브루스 쇼(Robert Bruce Shaw)는 "어떤 훌륭한 리더라도 인식하지 못하는 사각지대가 존재한다"고 말한다. 그는 리더가 과도하게 강점을 사용할 경우, 보이지 않는 사각지대를 만들고, 이는 성공을 무너뜨릴 큰 위협이자 심각한 약점이 될 수 있다고 경고한다.

스티브 잡스는 주어진 환경이나 데이터를 모두 자기식으로 해석해서 자기만의 독창적인 견해로 바꾸는 탁월한 능력이 있었다. 그의 이런 성향은 강점이자 동시에 약점이었다. 그는 자신만의 독창적인 개념으로 새로운 영역을 창조했고, 이런 자신의 강점을 바탕으로 큰 성공을 이룰 수 있었다. 하지만 스티브 잡스도 강점이 과도하게 나타날 때는 독선적으로 되거나 다른 사람에게 배타적이고 위협적인 모습을 보이기도 했다. 그리고 상황을 제대로 판단하지 못했다. 자신의 과도한 강점으로 인해, 그는 자신이 세운 회사에서 쫓겨나는 큰 실패를 맛보아야 했다.

기업의 방향과 크고 작은 사안의 최종 의사 결정권자인 대표이사의 강점 관리는 매우 중요하다. 대표이사의 결정이 기업의 성장과 쇠퇴에 직접적인 영향을 주기 때문이다.

스타트업에 투자하는 벤처 캐피털(Venture Capital) 관계자들은 투자 대상 기업의 대표이사가 강점을 과도하게 드러낼 때, 심각한 리스크가 될 수 있다는 사실을 잘 알고 있다. 그리하여 투자를 고려할 때 이런 요소가 발생할 가능성을 면밀하게 따진다. 이를 파악하기 위해 사전에 대표 이사뿐만 아니라 CTO, CFO 등 'C 레벨'의 주요 멤버들을 만난다.

핵심 멤버들이 어떻게 유기적으로 상호 보완적 관계를 이루고 있는지를 살피고 핵심 멤버들이 대표이사의 취약성, 즉 과도하게 나타나는 강점을 무엇이라고 생각하는지, 또 그것을 대표이사가 잘 알고 있는지도 파악한다. 대표이사가 자신의 과도한 강점이 어떻게 작용하는지를 알아야만, 다른 사람들을 통해 보완할 방법을 찾거나 리스크를 관리할 수 있기 때문이다.

강점 관리에 대한 나의 강의를 듣고서, Z대표는 자신의 과도한 강점이 어떤 결과를 낳았는지 비로소 깨달았다고 고백했다.

그는 맨몸으로 시작해서 1,000억 원 규모의 기업을 일군 CEO다. 기업의 성장에는 많은 이유가 있겠지만 무엇보다도 Z대표의 강점이 두드러지게 발휘되었다는 점은 누구도 부인할 수 없는 사실이었다.

그의 인생을 한마디로 표현하면 '목표를 향한 끊임없는 전진'이다. 분명한 목표가 있어야 에너지가 생기고 열정이 넘쳤다. 목표를 세우면 열정이 솟아날 뿐만 아니라, 마음만 먹어도 신기하게 아이디어가 무궁무진하게 떠오르고 누구보다도 빠르게 행동으로 옮겼다.

어려운 문제에 직면하더라도 당황하거나 두려워할 줄 몰랐다. 오히려 어려운 문제를 해결하려는 강한 욕구가 생겼다. 생각하지도 못한 돌발적인 상황에서도 임기응변이 뛰어났다. 매출은 1,000억을 넘어서고 사업은 승승장구의 길로 들어섰다.

그러나 성공의 정점에서 Z대표의 강점이 과도하게 나타나고, 부작용이 생기기 시작했다. 명확하게 목표를 설정하고 추진하는 그의 강점이, 이제는 목표에 집착한 나머지 다른 것을 볼 수 없게 하는 블라인드 스팟으로 작용했다. 사업 환경이 빠르게 변하고 있었지만, 목표에 집착하는 성향이 오히려 독으로 작용했다.

거침없이 쏟아내는 수많은 아이디어와 강한 추진력에 임직원들은 갈팡질팡했다. 문제를 빠르게 파악하고 해결하는 그의 임기응변은 조직이 갈피를 잡지 못하게 하는 심각한 약점으로 작용했다. 큰 그림보다는 세세한 문제에 매달리면서 Z대표가 지닌 강점의 어두운 부분이 조직 전체를 뒤덮었다.

강점이 과도하게 나타날 때, 사람들은 자신의 능력을 과신한다. 자신감을 자신의 능력으로 오해한다. 자신이 틀렸을 수도 있다는 겸손한 마음이 사라진다. '나는 이렇게 생각하는데, 왜 저 사람들은 나와 다르게 생각하는 걸까?' 이런 열린 마음이 생기질 않는다.

강점이 너무나 강력하게 작용해서 '다름'을 '틀림'으로 보게 된다. 다른 사람들이 말하는 것에 귀를 열지 않는다. 자신에게 오류와 편견이 있을 수 있음을 인정하지 않는다. 지금까지의 성공 경험이 배움의 기회를 막고, 다른 사람의 진실한 충고에도 귀를 막게 하는 걸림돌이 된다.

위기의 순간에 신뢰할 만한 사람들의 진실한 조언이나 충고, 제안이 Z대표의 귀에는 들리지 않았다. 결국 회사는 강점으로 성공했지만 과도한 강점으로 무너질 수밖에 없었다.

누구도 과도한 강점이 독이 되는 상황에서 자유롭지 않다. 누구에게나 과도한 강점이 나타날 수 있고, 자신도 인식하지 못한 사각지대가 존재할 수 있다. 기업이 무너질 정도의 심각한 리스크가 아니더라도, 인간관계를 해치거나 프로젝트를 망치는 결과를 초래할 수 있다. 내게도 블라인드 스팟이 존재할 수 있음을 기억하자.

이러니 사람은 항상 겸손해질 수밖에 없다.

정철민 코치의 One Point Coaching

'블라인드 스팟'이 존재할 수 있다는 점을 늘 기억하세요.
강점을 강력하게 발휘하면서도, 겸손한 태도가 당당하고 성숙한 강점의 기본임을 잊지 마세요. 배우려는 자세와 나와 다르게 생각하는 사람의 의견에 귀를 기울이는 열린 마음이 겸손해지는 좋은 방법입니다.

과도한 강점의
스위치를 끄는
5단계

　　과도한 강점이 낳는 심각한 문제점을 인식했다면, 이제 과도한 강
점의 스위치를 끌 수 있어야 한다. 하지만 어찌 벌겋게 달궈진 강점의
스위치에 손을 댈 수 있단 말인가? 쉽지 않은 일이다. 이도 알아차림과
연습을 통해 훈련할 수 있다.

　　처음부터 일상생활에서 나도 모르게 강점의 어두운 부분이 나타
날 때, 강점의 스위치를 끄고 '성숙한 강점'으로 변화할 수 있는 5단계
방법을 소개한다.

1단계 - 자기 이해 Self-Understanding

자신의 강점이 무엇이고, 이것이 언제 어떻게 발휘되는지를 제대로 안다. 자신에게 어떤 생각, 감정, 행동의 자연스러운 패턴이 나타나는지, 그것이 언제 나타나는지를 안다. 이런 자연스러운 패턴이 긍정적이고 생산적인 결과를 낼 수도 있지만, 부정적이고 비생산적인 결과를 만들 수도 있음을 이해한다.

2단계 - 자기 인식 Self-Awareness

강점이 과도하게 나타나는 순간을 인식하는 것이 중요하다. 항상 강점이 과도하게 발휘되는 것은 아니다. 강점이 과도하게 사용되는 상태가 계속 지속되는 것도 아니다. 어떤 순간에 과도한 상태가 되는지, 트리거 포인트에서 '지금 나의 강점이 과도하게 발동되는구나' 하고 알아차리는 것이 핵심이다.

부정적인 감정이나 자동적으로 떠오르는 생각을 통해 트리거 포인트의 신호를 포착할 수 있다. 짜증, 분노, 화, 우울감 등의 부정적인 감정과 '나를 아무도 도와주지 않아'와 같은 자동적인 생각이 과도한 강점이 일어나고 있는 조건이 생성되는 신호를 준다. 자신의 삶을 돌아보거나 주변의 사람들에게 물어보면 그 순간을 알 수 있다.

이런 과정을 통해 과도한 강점을 서서히 다듬어 간다. 당장은 부정적이거나 비생산적인 결과가 나타날 수 있다. 어쩔 수 없다. 지금 단계에서는 트리거 포인트를 찾고 인식만 해도 충분하다.

3단계 - 자기 수용 Self-Acknowledgement

마음에 들지 않더라도, 결과를 쿨하게 인정한다. '괜찮아. 일단 인식은 했어.' '이것이 나의 일부이고, 이제 인식하고 다스릴 수 있어.' 이렇게 생각하고 받아들인다.

일단 부정적인 감정과 생각이 일어나더라도 자책하지 말고, 시원하게 받아들이는 열린 마음을 갖는 것이 중요하다. 뭐 어쩌겠는가? 자신의 모습을 있는 그대로 수용해야 다음 단계로 나아갈 수 있다. 자책하고 괴로워할수록 똑같은 일이 또 일어난다.

4단계 - 자기 제어 Self-Control

조금씩 제어가 일어난다. 아직도 제어할 수 없는 순간들이 있지만 괜찮다. 과거에는 인식하지도 못했고 멈출 수 없었던 것을 인식하고 멈출 수 있다는 점이 중요하다. 트리거 포인트에서 일어난 부정적인 감정과 자동 생각 반응의 신호를 인식하고, 있는 그대로를 받아들이다 보면 조금씩 과열된 강점의 스위치를 끌 수 있는 능력이 생기기 시작한다.

물론 깊은 성찰과 알아차림이 중요한 역할을 한다. 이때 오랫동안 무의식에서 있던 잘못된 신념이 자동 생각 반응을 만들고, 그 자동 생각 반응이 어떻게 부정적인 감정들을 만드는지를 충분히 이해한다.

이것을 알아차리면 자신 안에 깊게 뿌리내렸던 잘못된 신념을 바꿀 수 있는 능력이 생긴다. 자동 생각 반응을 의식하고 멈출 수 있게 된

다. 자동 생각 반응에 붙어 다니던 부정적인 감정을 알아차리고 놓아
버릴 수 있는 수준이 된다.

5단계 - 자동 조절 Self-Regulation

앞선 4단계 과정을 계속 반복하다 보면 어느새 조금씩 자신도 모
르는 사이에 자동 조절이 되기 시작한다. 자신의 강점이 온전히 빛나기
시작하는 순간이 온다. 물론 이런 자동 조절이 항상 일어나지는 않고,
자동 조절 상태가 되었다가 다시 '미숙한 강점'이 나타날 수도 있다. 서
서히 나선형 성장이 나타나고 있다는 신호이다.

이제 예전의 내가 아니다. 새로운 나로 살게 된다.

정철민 코치의 *One Point Coaching*

당신의 알아차림과 성찰의 수준은 어느 단계에 있나요?
자신이 어느 단계에 있는지를 성찰하고 알아차려 보세요.
잘 안 되는 부분은 인정하고 받아들이세요. 멈추지 말고 인식해 보세요.

완벽하지
않아도
괜찮아

'목표를 정하면 자동으로 상황이 파악된다. 그것을 토대로 가장 효과적이고 생산적인 대안을 찾는다. 목표를 향해 나아간다.'

이것은 내가 가진 강점의 밝은 부분이다. 지금까지 강점을 발휘해 많은 일을 해내고 성과를 올리며 살아왔다.

문제는 강점의 어두운 부분이 나타날 때다. 강점이 과도하게 나타날 때는 도무지 생각을 멈출 수 없다. '어떻게 목표에 도달할 수 있을까?', '가장 좋은 방법은 무엇일까?', '이게 좋을까, 저게 좋을까?' 온통 이와 같은 생각에 사로잡혀 버린다. 이렇다 보니 생각에 빠져 다른 일을 놓치거나 제대로 성과를 내지 못하는 결과에 이르기도 한다.

특히 상황이 빠르게 변하거나 함께하는 사람들과 상황을 보는 관점이 다를 때, 강점이 과도하게 작동한다. 이때 나는 주변 사람의 말이나 환경 변화에 민감하게 반응하곤 한다. 주변과 갈등이나 마찰이 생기고 감정 소모가 일어날 가능성이 커진다.

나와 비슷한 강점을 가진 사람들의 경우, 같은 목표와 방향을 바라보더라도 상황에 대한 정보의 양과 질이 다를 때 소통이 잘 안 되서 오해가 생기고 부정적인 결과를 내기도 한다. 이런 일이 벌어진다 싶으면 어김없이 강점이 과도하게 발휘된 때다.

강점의 어두운 부분이 강하게 나타날 때 나는 빈번하게 의사 결정을 번복하는 패턴을 보인다. 상황에 대한 정보가 새롭게 입수되면서, 목표에 도달하는 과정에 대한 생각이 수시로 변하기 때문이다. 내가 이렇게 부정적인 자동 패턴을 보일 때 다른 사람의 눈에는 변덕스럽고, 중심을 잡지 못하고, 우왕좌왕하는 사람으로 보인다.

상황의 변화나 의사 결정에 대해 충분히 설명하지 않아서 주변 사람들이 답답해 하기도 한다. 특히 아내는 내 강점이 과도하게 나타나는 모습을 잘 알고 있다. 내가 상황을 잘 설명해 주지 않는다고 답답해한다. 의식하지 못한 채 자동으로 일어나기에 내가 어떻게 생각을 하고 결정했는지 설명할 이유를 크게 느끼지 못해서 그렇다. 수시로 의사 결정을 번복하고, 충분한 설명을 하지 않을 때가 바로 내 강점이 과도하게 나타날 때이다.

나 역시 나도 모르게 일어난 과도한 강점의 부정적인 결과로 좋지 않은 상황을 경험할 때 자책하는 일이 많았다. 변명할 여지 없이 내 문제인 걸 알기 때문이다. 그래서 나에 대해 실망하고 괴로워한 적이 한두 번이 아니었다.

강점이 과도하게 작용하여 부정적인 결과를 만들 때, 많은 사람이 자책 모드에 빠진다. 명확한 자기 이해와 자기 인식, 자기 제어가 되지 않아서 반복적으로 발생하는 일이다.

특히 실패할 것 같은 두려움이 몰려올 때, 귀에 거슬리는 잔소리를 들었을 때, 나를 신뢰하지 못하는 세세한 지시 사항을 접할 때, '잘못되면 어떻게 하지' 하는 막연한 불안감이 올라올 때. 이런 순간들이 트리거 포인트로 작동한다. 부정적인 감정, 자동적인 생각, 신체의 반응이 신호를 준다. 강점이 과도하게 발동되는 지점이다.

다행히도 이제는 나의 강점을 잘 이해하고, 그 강점이 어떤 패턴으로 나타나는지를 알게 되었다. 과도한 강점으로 발화되는 지점인 트리거 포인트가 있다는 것을 깨닫고, 트리거 포인트에서 나타나는 신호들도 파악하게 되었다.

강점이 과도하게 나타나는 상태에서는 자신과 문제를 동일시하게 된다. '나=문제'인 상황이다. 나와 문제를 동일시해서 보니 문제를 어떻게 해결해야 할지 모르거나 혼란스럽다. 문제가 너무 크게 보이거나 복

합적으로 보이기 때문에 문제 해결이 어려워진다.

강점이 과하게 나타날 때는 문제와 나 자신을 분리해야 한다. 문제가 나 자신이 아니기 때문에, 내가 해결해야 할 것과 문제와 관련된 사람들이나 상황이 해결되어야 할 것을 구분한다.

문제와 나를 분리해서 보면, 트리거 포인트에서 내가 고쳐야 할 나의 문제점이 분명해진다. 그것만 해결하면 된다. 내가 아닌 다른 사람이나 상황이 해결되어야 하는 것은 그 사람이나 상황이 달라지도록 기다리거나 도움을 주면 된다.

이제는 과도한 강점으로 인해 생기는 문제들로 좌절하지 않는다. 내가 해결해야 할 문제를 명확히 알고 그것을 해결한다. 상황 파악을 위해 끊임없이 생각하기나 잔머리 굴리기 같은 강점을 과도하게 사용하는 자동 패턴도 멈추기 시작했다. 과도한 강점의 스위치를 끌 수 있는 능력이 조금씩 생기기 시작했다.

물론 아직도 잘 안 될 때가 있다. 고민하는 문제로 생각이 멈추질 않아 가끔 밤을 꼴딱 새우기도 한다. 결정하고 다른 사람에게 충분히 설명해 주지 않을 때도 여전히 있다. 상황 변화에 대해 주변 사람들과 정보의 양과 질이 달라서 충돌하기도 한다.

하지만 이제는 정보를 공유하고 서로의 정보 양과 질을 맞추면서 소통할 수 있다. 변화된 상황을 다른 사람과 충분히 소통하고 이해시킬 수 있는 여유가 생겼다. 조금씩 새로운 나로 살기 시작하고 있다. 완벽하지 않아도 괜찮다.

정철민 코치의 *One Point Coaching*

당신의 강점은 언제 과도하게 나타나나요?
강점이 과도하게 나타날 때, 어떤 문제를 경험하나요?
트리거 포인트를 찾아보세요. 그리고 그 지점에서 문제와 자신을 분리해서 생각해보세요. 너무 자책하지 마세요.

지금 너를
놓아 버리기로
했어

순하게 보이는 사람이 순간 상대하지 못할 만큼 다혈질 인간이 되었다. 지난여름 태풍이 한바탕 할퀴고 간 과수원처럼, 그동안 실하게 영글었던 관계의 열매들이 다 떨어져 버렸다. 잠시 휴화산 상태지만, 언제 다시 터질지 아무도 모른다. 사건은 기억 속에서 쉽게 잊히지만, 그때의 감정은 서로의 마음속 깊은 곳에 차곡차곡 쌓였다.

내가 왜 그랬을까? 더듬어 들춰 보는 것이 아파서 오랫동안 그냥 덮어 둘 수밖에 없었다.

어려서 나는 '성장'에 호기심이 많았다. 나도 모르게 무엇인가를 배워 보고 싶은 마음이 불쑥 올라오곤 했는데, 다소 엉뚱하고 돌발적이며 무모한 일들이었다. '동네 아이들과 함께 쓰레기를 모아 고물상에 팔기', '우유와 신문 배달하기', '마인드 컨트롤 세미나 참석하기'였다.

부모님은 초등학생인 아들의 이런 행동이 이해되지 않으셨던 것 같다. 아이의 엉뚱함이라고 생각하고 무시하셨다. 주로 하지 말라는 말씀을 많이 하셨다. 당신들은 엉뚱하게 나타나는 아들의 재능이나 성장 욕구를 알지 못하셨고, 무엇을 어떻게 해야 할지 모르셨던 것 같다.

어려서 그랬는지, 생각이 짧아서 그랬는지 나도 제대로 인식하지는 못했지만 막연하게 '성장 욕구와 내 삶을 통제하고 싶은 욕구가 번번이 막히고 방해 받는다'고 느꼈던 것 같다. 매번 상황과 주제는 달라졌지만 제지당하고 막히는 일이 반복되었다. 이런 경험은 어린 나의 잠재의식에 잘못된 신념을 뿌리내리게 했다.

'내가 잘하려고 해도 사람들은 나를 도와주지 않아. 이해해 주지 않아. 오히려 사람들은 나를 방해할 뿐이야.' 이런 잘못된 신념은 특히 내가 무엇인가를 시도하다가 실패할 것 같은 순간이 오면 자동으로 작동되었다. 자동으로 작동되는 잘못된 신념은 그 상황을 정당화하는 자동 생각 반응으로, 부정적인 분노의 감정으로 분출되었다.

뭔가 잘해 보고자 하는 내 계획이 막히면 분노가 폭발했다. 팀을 위해, 회사를 위해, 조직을 위해 잘하고자 하는 내 계획과 생각이 막히고 좌절될 때마다 어김없이 화산 폭발이 일어났다.

인생에서 어떤 일들은 왜 일어나는지 이유도 모른 채 반복된다. 나

중이 되어서야 알았다. 내게 이런 일은 내 강점이 과도하게 나타날 때 벌어진다는 것을.

자원봉사로 중학교 2학년 아이들에게 자신의 미래를 상상해 보는 워크숍을 진행하고 있었다. 다행히 모든 것이 순조롭게 진행되었다. 종료 30분 전까지는.

활동을 정리하고 마무리해야 할 시간에 아이들이 점점 집중력을 잃어가고 있었다. 분위기가 어수선해지고 내 계획이 틀어지기 시작했다. 짜증이 올라왔다. 워크숍을 멋지게 마무리하고 싶은 마음이 헝클어졌다. 점점 화산이 폭발하는 조건이 형성되었다.

내 계획과는 다른 못마땅한 상황들이 벌어지고, 부정적인 감정이 올라오면서 트리거 포인트라는 것을 알아챘다. 하지만 과도한 강점이 올라오는 패턴은 이미 시간이 정해진 시한폭탄처럼 작동을 시작했다. 당장 멈추기가 어렵게 느껴졌다.

트리거 포인트에서 과도한 강점이 나타나는 것을 인지하기 시작하면서, 나는 스스로 '괜찮다'라는 신호를 보냈다.

'괜찮아, 완벽하지 않아도 돼. 내 계획대로 되지 않더라도 이 아이들은 이미 성장하고 있고, 오늘 좋은 시간을 보내고 있어.'

하지만 이와 동시에 잘못된 신념과 자동 생각 반응이 발동했다.

'아무도 나를 이해하지 못해. 나를 도와주지 않고 방해하고 있어.'

아직 '벌겋게 달궈진 강점'은 멈추질 않고 있었다. 아무리 물을 부어도 꺼지지 않는 강한 불처럼 통제하기 어려웠다.

과도한 강점으로 인해 자동으로 생기는 감정과 생각을 알아차리면서, 나는 짜증, 분노, 화, 서운함의 부정적인 감정들, 나를 괴롭히는 생각들을 '놓아 버리기'로 결정했다. 손에 꼭 쥐고 있던 물건을 놓아 버리는 것처럼, 과도한 강점으로 인해 일어난 부정적인 감정과 생각도 놓아 버리기로 했다.

'나는 지금 내 안에 부정적인 생각과 감정이 있다는 것을 인정한다. 하지만 너희는 더 이상 내 안에 머물 수 없어. 나는 지금 너희들을 놓아 버릴 거야. 잘 가.'

놓아 버린 만큼 자유로움이 느껴졌다. 그 순간 아이들의 얼굴이 천사처럼 보였다.

정철민 코치의 *One Point Coaching*

강점이 과도하게 나타나는 이유가 있습니다. 그 이유를 찾는 단서는 부정적인 감정에 있습니다. 부정적인 감정이 언제, 어떻게 나타나는지, 그 이유는 무엇인지를 성찰해 보세요.

내게 닥친 문제와 연결된 부정적인 감정들을 인식하고 놓아 버리세요. 문제 자체를 놓아 버리는 것이 아닌, 그 문제에 붙어있는 감정을 조금씩 놓아버리는 것입니다.

신뢰하는
사람들에게
'프리패스' 주기

'과도하게 나타나는 자신의 강점'을 인식하고 제어하는 일은 절대 쉽지 않다. 오랫동안 자기 삶의 일부처럼 여기고 강력한 성공 공식으로 사용해 왔기 때문이다. 자신의 취약한 부분을 인정하는 일은 부끄럽기도 하고, 때로 수치심까지도 느낄 수 있는 어려운 일이다.

여기서 한 가지 짚고 넘어가자. 당신의 과도한 강점, 즉 취약성에 대해서 이미 알 만한 사람들은 다 알고 있다. "임금님은 벌거벗었대요."라고 동네방네 큰 소리로 외치지 않아도 알 사람은 알고 있다.

주변에서 이런저런 방법으로 고양이 목에 방울을 달 듯이, 당사자가 자신의 과도한 강점을 스스로 알아채도록 숨은 노력을 기울이기도 한다. 하지만 제대로 전달되고 이루어지기가 쉽지 않다. 당사자가 알아 듣지 못하거나, 알아도 인정하지 않고 무시하는 일도 상당히 많다. 그러니 어쩌면 알아채기가 불가능한 일인지도 모르겠다.

물론 눈치 없게 대 놓고 이야기하는 사람도 있다. 하지만 말을 꺼낸후 서로 마음이 상하거나 관계가 틀어져 등을 질 가능성이 아주 크다. 그다음부터는 그 누구도 말할 엄두를 내지 못한다.

만약에 모두 이미 알고 있지만 선뜻 말하지 못하는 자신의 취약성을 자신이 먼저 솔직하게 털어놓는다면 어떤 일이 일어날까?

많은 이가 부끄럽고 수치스럽게 여기는 나의 연약한 부분, 내 취약성을 알게 되면 사람들이 나를 어떻게 볼까 고민한다. 어떤 사람은 '죽을 것 같은 두려움이 든다'고 고백하기도 한다.

그렇다. 자신의 에고(Ego)를 부인하고 자신의 연약함을 드러내는 선택의 길은 언제나 좁고도 험하다.

솔직히 말하면, 현실에서 자신의 연약한 부분을 드러낼 때 지레 걱정하던 짐작과 반대일 가능성이 크다. 자신의 취약한 부분인 '과도한 강점'을 인정하고 털어놓을 때, 사람들은 그 사람을 더 이해하고 신뢰한다. 더 이해하고 사랑한다. 비로소 자신들과 같은 사람으로 받아들이기 시작한다.

'난 죽어도 못해. 내 취약한 부분을 다른 사람에게 말할 순 없어.'

이렇게 생각하는 사람들이 있다면, 그래도 과감하게 도전해 보라고 말해주고 싶다. 한번 해보시라. '죽으면 죽으리라' 하는 각오로. 죽을 것 같은 느낌이 들 수는 있지만 절대 죽지 않는다.

먼저 주변에서 신뢰할 만한 사람 세 명을 찾는다. 당신을 잘 알고 있고, 당신이 신뢰할 만한 사람들이다. 배우자, 친구, 신뢰할 만한 동료나 후배, 코치 등이 될 수 있다. 과도하게 나타나는 자신의 강점을 이야기할 때, 당신을 더욱 이해하고 신뢰해 줄 사람들이다.

그들은 이미 당신에 대해 알 건 다 알고 있다. 그냥 당신이 마음 상할까 봐, 관계가 틀어질까 봐, 이야기를 안 하고 있던 것뿐이다. 그들은 당신의 '미숙한 강점'을 품어 주고 그것이 '성숙한 강점'으로 변할 수 있도록 기꺼이 돕는 지지자가 되어 줄 사람들이다.

이들과 나의 과도한 강점에 대해 솔직하게 이야기 나눌 기회를 만들자. 내가 강점이 과도해질 때 어떤 모습이 나타나는지, 그때 나와 다른 사람들이 어떤 면에서 힘든지, 이야기 나누어 보자. 신뢰하는 사람들과 함께 이런 점을 인식할수록 당신은 점점 '성숙한 강점'을 발휘하고 싶은 소망이 생길 것이다.

내가 '미숙한 강점'을 보일 때, 신뢰할 만한 이들이 기꺼이 신호를 보낼 수 있도록 자격증을 부여하자. 언제든 깃발을 들 수 있는 '프리패스'를 주는 것이다. 내게 과도한 강점이 나타날 때 조용히 신호를 보내거나 내가 인지할 수 있도록 말해달라고 그들에게 요청한다. 이들은 이미 나의 강점이 어떻게 과하게 나타나고, 어떤 부정적인 결과를 내는지 잘 알고 있는 사람들이다.

이들이 보내는 신호를 당신이 겸손히 받아들일수록 그 유익함을 맛보게 될 것이다. 조금은 마음이 쓰릴 때도 있겠지만 말이다. 함께 트리거 포인트를 찾고, 그 지점에서 어떻게 할지를 의논해 보자. '미숙한 강점'의 스위치를 꺼야 할 순간에 이들이 보내는 신호는 당신에게 큰 도움이 될 것이다.

누구에게도 말할 수 없는 고민, 특히 자신의 과도한 강점으로 인해 나타나는 부정적인 결과 때문에, 지금 이 순간에도 가슴앓이하는 이들이 얼마나 많은지 잘 알고 있다.

'미숙한 강점'에 대한 자신의 인식과 노력, 그리고 신뢰할 만한 이들의 도움이 있을 때, 자연스럽게 당신의 '성숙한 강점'이 아름다운 빛을 발할 것이다.

정철민 코치의 *One Point Coaching*

누구에게도 털어놓지 못하는 당신의 과도한 강점에 대해 함께 이야기 나눌 신뢰할 만한 사람을 찾아보세요. 그 사람과 함께 이야기해 보세요.
그리고 도움을 요청하세요.

CHAPTER 8

왜 나로 살아야 할까
:인생의 광야 학교를 통과하다

왜 내게 이런 일이
일어난 걸까 :
내 인생에 질문하기

'히브리 노예 청년, 국무총리 발탁'

신임 국무총리나 장관이 발표될 때면 주요 일간지 1면에 입지전적인 인물의 스토리가 대문짝만하게 실리곤 한다. 약 4,000년 전, 이집트에 신문이 있었다면 어땠을까? 노예 청년 요셉이 대제국 이집트의 국무총리로 발탁된 순간, 그의 인생 스토리가 이집트 신문에 대서특필되지 않았을까? 무명의 노예 청년이 당시 세계를 지배하던 이집트의 제2인자가 되었다는 사실은 상상하기 어려울 정도로 놀라운 일이었다.

구약 성서 창세기에 등장하는 인물 요셉. 어떻게 노예 청년 요셉은 국무총리가 될 수 있었을까?

성경에 등장하는 인물, 요셉에 대해 나는 시선을 조금 달리하여 살펴보려 한다. 극한 고난의 시간을 겪으면서도, 부정적인 감정과 생각의 갑옷을 벗고, 자기에게 주어진 소명을 다해 새로운 자신으로 삶을 살아낸 인물로, 노예 청년 요셉의 이야기를 해보고자 한다.

어느 시대건 부모의 편애는 불행을 만드는 씨앗이다. 요셉은 열두 형제 중 열한 번째 아들로, 늙은 아버지의 사랑을 독차지하며 자랐다. 그 때문에 형제들의 시기를 샀다. 형들이 보기에 요셉은 항상 눈엣가시였다.

더구나 요셉은 자신이 높은 자리에 오르는 미래를 예견하는 꿈 이야기를 해서 형들의 미움을 받는다. 그의 미숙함은 형들의 오해를 사기에 충분했다.

"형들의 곡식이 일어나서 나의 곡식에 절하는 꿈을 꾸었어요."

"해와 달, 열한 개의 별이 나에게 절하는 꿈을 꾸었어요."

눈치 없는 요셉은 이런 얘기를 반복한다. 좋은 말도 한두 번이다. 자랑하듯 꿈 이야기를 하는 요셉이 형들의 눈에 어떻게 보였을까? 어떤 의도 없이 자신이 꾼 꿈을 형들에게 이야기한 것뿐이지만, 형들이 보기에는 "이것이 내 미래야. 난 너희들과 달라"라며 은근히 대놓고 자랑하는 것으로 보였을 것이다. 이것이 자신의 삶을 어떻게 몰아갈지, 어린 요셉은 알지 못했다.

자기도 모르게 꿈 이야기하는 걸 스스로 제어하기에는, 어린 요셉은 아직 많이 미숙했다. 꿈을 통해 자신의 미래를 볼 수 있는 요셉의 강점이 드러난 사건이지만, 다른 사람에게는 충분히 부정적이고 미숙하게 보일 수 있었다.

강점이 개발되는 과정에서는 미숙함이 드러나기 마련이다. 이는 자연스러운 일이지만, 잘 다듬어지지 않다 보니 다른 사람의 오해와 미움을 사기도 한다.

형들의 눈에 요셉은 공공의 적이었다. 아버지의 사랑을 독차지하고, 자신들이 받을 사랑을 혼자만 누리는 요셉이 부럽기도 하고 죽이고 싶을 정도로 밉기도 했을 것이다.

처음엔 아버지의 사랑을 그리워하다가 자신들을 외면한 아버지를 원망한다. 결국엔 분노가 치밀고 기어이 그 분노의 초점이 요셉에게로 모인다. 너만 없었더라면! 그리하여 형들은 미운 껌딱지 요셉을 노예로 팔아 버리고 만다.

하루아침에 혈육에 의해 노예로 팔린 요셉의 마음은 어땠을까? 도무지 이해할 수 없는 형들의 행동. 이유라도 알 수 있다면 눈앞의 고난은 견딜 만할 것이다.

'도대체 내가 형들에게 무엇을 잘못했기에 이러는 거지?'

이해하지 못한 채 당하는 고난은 뼈에 사무치기 마련이다. 요셉은 끊임없이 '왜?'를 곱씹었다.

이집트에 노예로 팔려 가는 동안 요셉의 뇌리에는 한 가지 생각이 떠나질 않았다.

'나에게 왜 이런 일이 일어나는가?'

'나는 누구인가?'

'이제 나는 무엇을 어떻게 해야 하는가?'

스스로 이 질문을 하면 할수록 요셉에게는 반드시 살아야 할 이유가 뼛속 깊이 새겨졌다. 이 질문에 대한 답을 찾기 위해서도 반드시 살아 돌아가야 했다.

우리 인생에도 수많은 고난이 있다. 이유도 알 수 없이 휘말리는 상황이나 사건. '도대체 나에게 왜 이런 일이?'라고 억울해 할 만한 일들. 막상 닥칠 때는 정신이 없어 뭐가 뭔지 모른 채 부정적인 생각과 고통만 가득한 일들.

하지만 조금만 다른 각도로 바라보면, 이런 사건과 상황은 새로운 삶으로 들어가는 엄청난 기회가 되기도 한다. 없었더라면 물론 더 좋겠지만, 그 사건과 상황이 있기에 인생의 항로가 바뀐다. 새로운 사람을 만나고, 새로운 능력이 생기고, 새로운 인생을 산다. 이것이 단지 요셉뿐이겠는가?

힘들고 어려운 사건이나 상황은 인생의 목적과 계획을 향한 신호이자 기회의 문이기도 하다. 안전지대에서 벗어나 새로운 나로 살 기회의 문. 요셉처럼 우리도 모두 지금 그 문에 들어서고 있는지 모른다. 그렇다면 당신은 인생의 광야 학교에 입학한 것이다.

정철민 코치의 *One Point Coaching*

당신도 모르게 미숙하게 나타나는 강점으로 인해 오해를 받은 적이 있나요? 그것 때문에 어려운 상황을 경험한 적이 있나요?
어렵고 힘든 상황을 인생의 긴 안목으로 다시 볼 필요가 있습니다.
어려운 상황을 통해 어떤 새로운 나로 살 기회의 문에 들어서고 있는지 자신의 인생에 질문해 보세요.

인생의
광야 학교에서
배워야 할 것들

기껏 양을 치거나 아버지의 심부름을 하며 지내던 요셉. 그는 어떻게 노예로 팔려 갔다가 이집트 파라오의 친위 대장 보디발 장군의 집을 총괄하는 역할을 맡게 되었을까?

'빼어난 눈썰미'를 가진 사람은 주변을 한번 죽 훑어보기만 해도 어떤 일이 일어나는지 파악한다. 하나를 가르쳐주면 열을 깨친다. 인터넷이나 사교육 없이도 보고 듣고 경험하는 것만으로도 빠르게 배우는 울트라 초능력 학습자. 아마 요셉도 이런 유형이었으리라 짐작한다.

그는 정규 학교에서 배울 수 없는 것을 인생의 광야 학교에서 배웠다. 인생의 광야 학교는 일반적인 학교가 아니다. 건물도, 커리큘럼도,

선생님도 없다. 나에게 주어진 환경과 상황이 바로 수업이고, 만나는 모든 사람이 나의 선생님이다. 이 곳에서는 새로운 나로 살기 위해 반드시 필요한 과목들을 수강하게 된다. 요셉은 노예로 인생의 광야 학교에 입학해서 바로 감정 다스리기, 리더십을 통해 조직 관리하기, 세상의 이치를 알고 미래를 예측하기 과목들을 배운다.

우선 자신의 감정을 다스리는 과목이다. 불행한 사건을 겪으면서 감정 훈련의 강도는 높아진다. 능력자이자 매력남 요셉에게 보디발 장군의 아내가 유혹의 시험을 하는데, 요셉은 이를 가볍게 물리치고 통과한다. 하지만 시험을 통과하자마자 누명을 쓰고 지하 감옥에 갇힌다. 이제 억울함과 각종 부정적인 감정을 다뤄야 하는 심화 과정에 들어선다.

엎치고 덮치는 불행. 누구는 '천 번을 흔들려야 어른이 된다'고 하던데, 요셉에게 닥친 현실은 나무뿌리가 뽑혀도 몇 번씩 뽑히는 상황이다. 일반적으로 어려운 상황을 경험하면 분노, 억울함, 슬픔, 원망, 아무것도 할 수 없는 무력감 등 온갖 부정적인 감정이 따라오기 마련이다. 깊은 감옥 속, 홀로 있는 청년 요셉도 몸을 뒤틀며 괴로워했을 것이다.

피가 끓어오르는 20대 노예 청년에게 이런 억울한 상황이 닥치면 인생을 포기하고 싶은 마음이 들 법도 하다. 하지만 이상하게도 요셉은 감정에 휘둘리는 모습을 보이지 않았다. 그는 어떻게 이런 부정적인 감정을 다스릴 수 있었을까?

해답은 꿈에 있었다. 어렸을 때 꾸었던 그 꿈이 마치 현실처럼 그에게 나타났다. 그 꿈은 너무나 생생했고, 잊히지 않았다. 꿈을 생각할 때마다 이미 이루어진 것처럼 느껴졌고, 기쁨과 희망과 감사의 마음이 넘쳤다.

그런 상태가 되니 자신이 처한 현실과 부정적인 감정을 있는 그대로 인정하게 되었다. 감정을 있는 그대로 인정하기 시작하자 그 감정에 붙들리지 않게 되었다. 감정의 주인으로서, 잡고 있던 부정적인 감정을 놓아 버릴 힘이 요셉에게는 있었다. 쥐고 있던 부정적인 감정과 생각들을 놓아 버리니 자유가 몰려왔다.

이와 동시에 그는 '미래의 꿈'을 생각할 때 생기는 기대, 불안, 갈망도 놓아 버렸다. 그 꿈은 이미 자신 안에서 이루어진 것이기에 더 붙들고 있을 필요가 없었다. 그러니 그에게는 온전한 자유만이 남았다. 이런 감정 훈련을 하며 이후 요셉은 어떤 부정적인 감정이 생기더라도 쉽게 놓아 버릴 수 있었다. 노예 신분으로 감옥에 있었지만 항상 평안하고 자유로웠다.

요셉은 인생의 광야 학교에서 리더십과 조직 관리 과목도 훈련받았다. 지하 감옥으로 쫓겨난 요셉은 감옥의 사무 관리 일을 맡는다. 불행한 사건을 경험하기도 했지만, 한 집안을 관리하던 수준에서 이제 감옥이라는 공공기관을 운영할 정도로 수준이 한층 높아졌다. 우연의 연속이라 할 수 있는 상황에서 훈련은 심화되었다. 요셉은 지하 감옥에서 정치범들을 통해 어깨너머로 국내외 정세를 학습했다. 이해 관계자들의 서로 다른 시각을 파악하고, 각 분야의 이치를 배우고 깨쳤다. 미래에 국가 수준의 문제들을 경영할 수 있는 능력이 요셉에게 서서히 스며들었다.

감옥에서 세상의 이치를 깨닫고 미래를 예측하는 힘도 더욱 정교하게 길러졌다. 요셉은 다른 이들의 꿈을 해석해 주는 경험을 하며, 자신의 미래만이 아닌 다른 이들의 미래도 정확히 예측하기 시작했다. 미래 예측 능력이 점점 더 정교해지면서 요셉의 타고난 강점이 빛을 발하기 시작했다.

높은 수준의 감정 조절 능력으로 침착하게 평상심을 유지할 정도의 내공이 쌓였다. 하늘과 세상의 이치를 알고 조직을 운영 관리할 수 있는 전문 능력도 준비되었다. 그는 조금씩 미래에 자신에게 어떤 큰일이 일어날지를 감지했다. 그리고 자신이 그것을 위해 서서히 준비되고 있음을 인식했다.

요셉이 30세가 되던 해, 이집트 왕 파라오가 자신의 꿈을 해석해 줄 사람을 찾는다. 파라오 왕은 아름답고 살진 암소 일곱 마리를 마르고 흉악한 암소 일곱 마리가 먹어 버리고, 좋은 이삭 일곱 알을 약한 이삭 일곱 알이 먹어 버리는 꿈을 꾸고 뒤숭숭하던 참이었다. 꿈을 해석할 사람이 아무도 없던 그때, 요셉이 등장한다.

광야의 흙먼지 바람과 적들의 끊임없는 공격을 이겨낸 삼천갑자

내공의 무림 고수와 같이 요셉은 흔들림 없이 초연했다. 요셉은 파라오의 꿈에 대하여 "꿈은 하나님이 하실 일을 보이신 것"이라고 했다. 그리고 일곱 해 풍년 후, 일곱 해 흉년이 들 것이니 풍년 기간에 흉년을 미리 대비할 것을 권했다. 꿈을 해석할 뿐만 아니라 대비책까지 제시한 요셉에게 감동한 파라오는 요셉을 총리로 임명하기에 이른다.

'지금'을 위해 준비된 것만 같은 그동안의 험난했던 인생이 파노라마처럼 스쳐 지나간다. 요셉은 인생의 광야 학교를 통해 그 힘든 훈련을 모두 마치고 이제 생명을 살리고 세상을 이롭게 하는 인재로 우뚝 섰다.

정철민 코치의 *One Point Coaching*

학습과 성장은 정규 학교에서만 이루어지지 않습니다. 당신이 서 있는 모든 곳에서 학습과 성장이 일어납니다. 그곳이 바로 인생의 광야 학교입니다. 인생의 광야 학교에서 당신은 새로운 나로 살기 위해 필요한 과목들을 배웁니다.
우리는 저마다의 상황 속에서 새로운 나로 살기 위해 지금 인생의 광야 학교를 통과하는 중입니다. 당신이 지금 배우고 있는 과목은 무엇입니까?

당신의
사명은
무엇인가요?

요셉은 단순히 개인으로 성공하고 행복한 삶을 살도록 키워진 인재가 아니었다. 어떤 상황에도 흔들리지 않는 평상심으로, 미래를 예측하고, 국가를 경영하며, 고난 속에서 생명을 구하고 세상을 이롭게 하는 인물로 성장했다.

이해할 수 없는 삶의 여정 가운데에서도 요셉은 어떤 계획에 따라 자신을 이끄는 이가 있다는 것을 서서히 알게 된다. 그 계획이 무엇인지는 알지 못했지만, 조금씩 자신에게 주어진 재능과 강점이 무언가를 위해 발휘되고 있다는 사실을 깨닫는다. 그리고 인내와 끈기로 견디며 그 계획된 목적을 위해 사용되도록 기꺼이 자신을 바친다.

'나에게 왜 이런 일이 일어나는가?' 이 물음에 대한 답을 찾으면서 그가 알 수 없는 그 모진 시련의 시간을 견딘 이유다. 처음에는 몰랐지만 자신에게 나타나는 사건과 상황을 통해, 자신이 꾼 꿈을 통해, '내가 지금 여기 존재하는 이유'를 서서히 깨닫는다. 이로써 요셉은 새로운 자신으로 살게 된다.

요셉은 내가 가장 좋아하는 성경 속 인물이다. 죽었다 살아나는 고초를 겪고, 억울하고 답답한 고난의 시기를 지나면서도 자신에게 주어진 사명을 생각하며 새로운 나로 거듭나고 성장하는 인간의 전형적인 모습을 보여 주기 때문이다. 죽다 살아나는 경험을 하고, 여러 도전과 실패 속에서도 진정한 나로 살고자 헤매던 나의 옛 모습이 겹쳐지며, 요셉의 삶은 내게 더 뭉클하게 다가왔다.

물론 그의 천재적인 면모도 매력적이다. 이광형 KAIST 총장은 저서 <3차원 창의력 개발법>에서, "시간(Time) 축, 공간(Space) 축, 분야(Discipline) 축의 3차원으로 생각하고 미래를 예측하면 이전과는 전혀 다른 창의적 인재 육성이 가능하다"고 말했다. 4,000년 전 노예 출신으로 이집트 총리가 된 요셉이 바로 그런 인물이다.

그는 시간 축으로 7년의 풍년과 7년의 흉년 후 세상이 어떻게 변할지 전망했다. 공간 축으로 이집트와 주변 국가, 가나안까지 모든 국내외 정세를 두루 살피고, 어떤 일이 벌어질지를 예측하고 준비했다. 분야 축으로는 농업, 사회, 정치, 경제, 외교, 무역까지 전 영역을 종합적으로 바라보면서 대대적인 변화를 이끌었다. 사회 체제, 세금 정책, 토지 제도, 농업 시스템, 곡물 저장 기술을 만들고 세상에 적용했다.

가족으로부터 버림받고, 노예 신분의 억울한 삶을 견뎌 내며, 제대로 된 교육도 받지 못했지만, 놀라운 학습 능력으로 자신의 강점을 발휘하고 소명이 이끄는 삶을 살아 낸 그는 준비된 창의적 인재였다.

어쩌면 그는 하나님이 특별한 계획과 목적을 위해 오랫동안 철저하게 숨겨 둔 비밀 병기였는지도 모른다. 그의 재능과 강점, 그리고 후천적으로 습득한 역량은 모두 세상을 이롭게 할 특별한 계획과 목적에 쓰이기 위해 준비되었다.

요셉은 자신을 죽이려 하고 노예로 팔았던 형들을 다시 만났을 때 어떻게 새로운 나로 살게 되었는지에 대해 이렇게 말한다.

"하나님이 생명을 구원하시려고 나를 당신들보다 먼저 보내셨습니다. 하나님이 큰 구원으로 당신들의 생명을 보존하고 당신들의 후손을 세상에 두시려고 나를 먼저 보내셨으니 그런즉 나를 이리로 보낸 이는 당신들이 아니고 하나님이십니다. 하나님이 나를 파라오에게 아버지로 삼으시고 그 온 집의 주로 삼으시며 애굽 온 땅의 통치자로 삼으셨습니다."

성경의 이 부분을 읽을 때마다 눈물이 난다. 그동안 겪었던 모든 것을 마음속에 묻어 둔 요셉의 마음이 고스란히 느껴져서 일까? 묵묵히 요셉을 인도한 하나님의 사랑이 내 인생에도 겹쳐져서일까?

나는 내게 주어진 재능과 강점이 있다는 사실도 모르고 살았다. 내 안의 보석을 인생의 걸림돌로 착각하기도 했고, 그 보석의 진가를 알아보지 못하고 인정하지 않기도 했다. 나중엔 너무 과하게 사용하여 어려움을 겪기도 했다. 하지만 이 모든 것이 세상에서 유일하고 특별한 나를 발견하고 나답게 살아가기 위한 과정이었다. 새로운 나로 살아가고자 하는 나의 인생이었다.

수련의 과정은 어려웠지만, 그 안에서 행복하고 충만했다. 물론 나만을 위한 행복과 충만함에 그쳐서는 안 되었다. 새로운 나로 나답게 사는 특별한 삶은 누군가를 위해서 사용될 때 더 아름답게 빛나기 때문이다. 내가 이 땅에 존재한다면, 나에게 맡겨진 강점을 발휘하고 살아간다면, 그건 분명한 어떤 이유가 있기 때문이다.

세상을 이롭게 하는 사명, 그리고 이를 위해 애쓰는 삶. 이것이 바로 새로운 나로 사는 삶의 큰 줄기다. 인생의 광야 학교를 통과하며 새로운 자신으로 살아간 요셉의 삶처럼 말이다.

정철민 코치의 *One Point Coaching*

당신이 가진 사명은 무엇인가요?
그 사명을 위해 당신에게 맡겨진 재능과 강점이 있다는 것을 인정할 수 있나요?
그것을 어떻게 사용하고 발전시킬 수 있을까요?

사람은 태어나서 오랫동안 미숙한 상태에 머문다. 필연적으로 누군가의 도움을 받으면서 성장하고 성숙해 가는 존재이다. 스스로 강점을 발휘하고 사는 것 같지만, 사실 사람은 누군가의 영향을 받고, 또 누군가를 도우면서 강점의 싹을 틔우고 발휘하며 산다.

책을 쓰는 모든 과정이 자연스럽게 내 강점을 발휘하고 새로운 나로 사는 시간이 되었다. 어떤 때는 고통스럽기도 했지만, 강점의 순간에 몰입하고 에너지를 충전하며 어느새 글 쓰는 것을 즐기게 되었다.

이 책은 수많은 '의미 있는 타인'의 도움이 있었기에 빛을 볼 수 있었다. 좋은 책이 나올 수 있도록 도움을 준 의미 있는 타인들에게 감사를 표하고 싶다.

항상 나를 지지하고 믿어 주는 콘텐츠브릿지 유성훈 사장님과 직원들에게 감사의 마음을 전한다. 특히 유성훈 사장님이 아니었다면, 이 책 작업은 시작도 하지 못했을 것이다. 나의 영적 아버지인 한순교회 이웅 목사님에게도 감사를 드린다. 에너지 넘치고 활기차게 '나답게 사는 삶'이 무엇인지를 보여 주신 분이다.

안성연 님은 원고를 쓸 수 있도록 내 아이디어에 귀 기울여 주고 응원과 힘을 불어넣어 주었다. 최문주 편집자는 작가의 부족함을 부드럽게 채워 주었다. 서로의 강점을 통해 시너지를 내는 일이 무엇인지 새삼 깨달았다. 중간에 몇 번씩 포기할 상황을 마주했을 때에는 김세진 디자이너가 "괜찮다. 믿고, 기다린다"라는 말로 다시 한번 내게 힘과 용기를 주었다.

나의 강력한 지지자이자 팬클럽 회장과 회원인 아내와 두 아들 요섭, 요한에게도 사랑하고 고맙다는 말을 꼭 해주고 싶다. 아내와 아이들의 기도가 없었더라면 이 책은 빛을 발하지 못했으리라. 내 글의 첫 번째 독자인 아내의 잔소리에 맘이 상할 때가 한두 번이 아니었지만, 끊임없이 바른 말을 해대는 '직진녀' 덕분에 제정신을 차리고 글을 쓸 수 있었다.

이 책을 읽는 독자들에게도 미리 감사하다는 말을 전하고 싶다. 자기 안에 있는 보석이 찬란히 빛나도록, 나답게 사는 사람들의 모습이 그려진다. 새로운 나로 사는 삶을 통해 자신과 다른 사람들에게 유익하고 의미 있는 좋은 영향력을 미치는 독자들의 모습을 상상하니 벌써 기분이 좋아진다.

누구보다도 무엇보다도 내 인생을 계획하고 내 삶을 이끌어 주시는 선한 하나님 아버지께 감사한다. 하나님이 계시기에 내 삶이 살 만한 가치 있는 인생이 되었고, 나는 날마다 새롭게 산다.

괜찮아, 새로운 나로 살기로 했어

ⓒ 정철민, 2022

초판 1쇄 발행 | 2022년 1월 8일

지은이 | 정철민
펴낸이 | 이기봉
펴낸곳 | 도서출판 좋은땅
주소 | 서울특별시 마포구 양화로12길 26 지월드빌딩
전화 | 02-374-8616~7
팩스 | 02-374-8614
이메일 | gworldbook@naver.com
홈페이지 | www.g-world.co.kr

편집 | 최문주
일러스트 | 이다빈
디자인 | 오브디자인 ovdesign.kr

ISBN 979-11-388-0570-4 (03190)